U0511782

中南民族大学中央高校基本科研业务费项目资助

（CSQ21014）

# 政府资产负债表编制
## 理论和方法研究

罗胜 著

Zhengfu Zichan Fuzhai Biao Bianzhi
Lilun He Fangfa Yanjiu

人民出版社

# 摘　　要

近年来,国际金融危机和欧洲主权债务危机的先后爆发致使全球经济形势复杂,欧元区通缩风险日益加大,金融市场担忧情绪持续蔓延,包括政府债务在内的宏观资产负债可持续性问题仍然影响着各国经济持续发展,世界各国政府和经济学家越来越意识到编制国家和政府资产负债表的重要性,尤其是政府资产负债的可持续性。同时,新型城镇化发展战略要求地方政府不断加大基础设施投入,导致地方政府债务压力急剧增加,政府债务问题已成为威胁国民经济平稳健康发展的主要问题之一。编制政府资产负债表,衡量政府债务,尤显迫切。

在理论层面,编制政府资产负债表有助于完善国民账户核算体系中资产负债核算理论,完善政府资产负债表和国家资产负债表编制理论,并推动多学科交叉融合。在现实层面,政府资产负债表把政府的所有经济活动"资产负债表化",以考察政府的资产和负债的规模和结构,具有全面衡量政府风险,为宏观经济运行提供基础数据,提高宏观经济决策的科学性和前瞻性的功能。政府资产和负债的存量变化核算,有助于监测政府的运行效率并进行绩效评估,等等。

与国外相比较,中国政府资产负债表研究工作还处于起步阶段,官方尚未对外公布中国政府资产负债表。国内学者关于政府资产负债表的研究在核算范围、计算口径、数据来源等方面存在较大差异,导致政府资产负债表的应用价值无法发挥。原因之一在于政府资产负债核算研究还未真正形成一套自成体系的核算理论与方法。关于政府资产负债核算无论是会计还是财政统计均未建立系统理论,学术研究"各自为政",微观政府会计核算仅仅关注相关政府会计改革,宏观经济核算如政府财政统计核算、国民经济核算中的政府资产负债核算缺乏微观研究基础,尚未形成从全局角度研究政府资产负债核算理论与方法的成果。

本书在已有政府资产负债表研究成果基础上,结合政府的定义、功能定位,从政府的公共主体特征出发,将政府界定为国家的社会管理者,代表国家行使管理职能,提供公共产品的机构部门。在梳理政府资产负债表相关经济学理论和统计核算理论的基础上,根据政府的管理职能和生产职能对应不同的政府活动,结合政府资产负债表编制目的,对政府资产负债表核算主体、核算项目进行界定。在此基础上,对行使政府管理职能的行政单位和行使生产职能的公共公司资产负债核算方法展开研究。最后,从政府资产负债表的表式设计、编表数据获取途径与数据处理和登录等方面研究。

政府资产负债表编制是一个比较复杂的系统工程。本书对其做了如下主要研究工作:

第一,通过整合政府资产负债表相关经济学理论和统计核算理论,将政府定位为管理者和生产者的统一体。

在政府职能和活动属性的基础上,通过分析社会再生产理论、受托责任理论、公共管理理论与政府资产负债表的关系,为编制政府资产负债表提供经济学理论基础。同时,讨论政府资产负债核算的宏微观核算理论,分析政府资产负债表与统计学、会计学、财政学、公共管理学的关系,为政府资产负债表编制提供学科环境,奠定政府资产负债表的理论框架。

第二，根据政府的功能定位和编制政府资产负债表的目的，将政府资产负债表的核算主体范围划分为三个层次。

政府主体范围界定是编制政府资产负债表的首要问题。根据政府的定义和功能定位，结合政府资产负债表的编制目的，将政府定义为从事财政活动和准财政活动的常住机构单位集合。对 SNA、GFS、IPSAS 三种核算体系中政府范围进行比较，归纳政府范围的界定标准为常住机构单位、非市场生产和政府控制。最后，结合我国组织机构的活动属性和功能对我国政府资产负债核算主体范围进行界定和划分，划分为狭义政府、广义政府和全口径政府三个层次，保证编表目的实现。

第三，从政府的公共主体特性对政府资产、政府负债进行界定。

政府资产负债表的核算客体包括政府资产和负债两部分。首先，在政府资产范围界定上，比较分析微观核算体系和宏观核算体系对政府资产的定义，在此基础上，结合政府的功能定位和编制政府资产负债表的目的对政府资产进行定义，并通过分析政府在经济活动中的作用来对政府资产进行界定和划分。其次，在政府资产范围界定上，比较分析微观核算体系和宏观核算体系对政府负债的定义，分析债务与负债的区别，在此基础上，对政府负债进行定义。从政府会计核算中的政府财务报告、国民经济核算和政府财政统计核算体系中的政府资产负债表中负债项目对政府负债范围进行界定，分析或有负债是否应该包含在政府资产范围。

第四，构建行政单位资产负债宏微观核算一体化方法。

编制政府资产负债表的最大障碍在于编表数据，微观会计数据是最接近编表微观基础的数据来源。通过比较分析行政单位政府会计和宏观政府资产负债核算，二者在项目指标、项目范围、核算方法等方面存在着差异，在比较两者间的区别和联系的基础上，从指标调整、项目调整和价格调整三个方面建立行政单位会计和 GFS 资产负债表的调整衔接表。

第五,运用财务支出法核算公共公司积累账户。

公共公司的生产经营活动符合社会再生产的特征,需要使用 SNA 资产负债核算方法。对于公共公司期初资产负债核算,利用公共公司的会计资料,调整、转换、合并,期中资产负债变化核算,利用企业财务支出法,分析微观企业会计指标与宏观核算指标关系,对公共公司储蓄核算、资本转移核算、资本形成核算、金融账户核算、资产其他物量变化核算和重估价核算,最终实现积累账户核算。

第六,从政府资产负债表的表示设计、数据来源和数据登录等展开研究。

从编制政府资产负债表的三个基础性问题展开讨论:在政府资产负债表的表式和机构上,基于不同的研究目的设计政府单位资产负债表、政府资产负债集合表、不同层次政府机构范围的资产负债表以及存量和流量变化表;获取编制政府资产负债表数据方法有直接法和间接法,微观主体的业务核算数据只有通过统计报表获得,通过设计统计报表由微观主体自行上报;数据获取之后的整理主要是采用汇总的方法,有利于更加全面衡量政府资产、负债情况。

本书侧重于研究政府资产负债表的编制理论和方法,全书以理论分析的定性研究方法为主,巧妙地将经济学、统计学、会计学、财政学等学科的理论分析运用于理论研究中,并结合政府活动属性特征和职能定位,提出不同的资产负债核算方法,形成了一套完整的编制中国政府资产负债表的理论框架。

**关键词:**政府资产负债;核算体系;宏微观连接;多学科融合;财务支出法

# 目　　录

# 导　　论

## 一、研究背景及意义

### （一）研究背景

近年来,国际金融危机和欧洲主权债务危机的先后爆发致使全球经济形势复杂,欧元区通缩风险日益加大,金融市场担忧情绪持续蔓延,包括政府债务在内的国家资产负债可持续性问题仍然影响着各国经济持续发展,世界各国政府和经济学家越来越意识到编制国家和政府资产负债表的重要性,尤其是政府资产负债的可持续性。中国随着经济体制改革进程的不断推进和深入,一些原本隐蔽的经济矛盾可能逐渐暴露,地方政府以"寅吃卯粮"的经济发展方式换取政绩,使得政府隐性、或有的负债积累严重,形成对财政的额外列支要求,最终演化为政府负债。地方政府债务的持续上涨,债务负担加重已经成为影响中国经济持续增长的隐患,也是影响中国宏观经济运行稳定的风险点。国家审计署 2013 年 12 月 30 日公布的数据显示,截至 2013 年 6 月底中国地方政府债务达到约 17.89 万亿元,与 2010 年底相比大约增加 70%。同时,经济快速发展受到资源、环境的约束,环境问题持续恶化,环境成本持续上升,无论是大气、水源还是土质,呈现出持续恶化势头。

传统 GDP 指标是一种流量指标,对于经济增长的成本或者代价,如无效的经济活动有多少、负债增加多少、有多少产出是以破坏资源环境为代价取得的等很难通过 GDP 数据反映出来。资产负债表作为一种存量核算,能准确反映资产、负债存量信息,且能通过其在结构、风险、传导机制等方面进行广泛分析。资产负债核算已为国际社会所青睐,成为把握一国和地区经济能否持续健康发展的重要指标。编制国家和地区资产负债表,可以监测各部门债务风险。

2013 年,党的十八届三中全会通过了《中共中央关于全面深化改革若干重大问题的决定》,《决定》中明确提出要"加快建立国家统一的经济核算制度,编制全国和地方资产负债表",中国国家资产负债表的编制被提到空前高度。随即,国家统计局召集国内科研机构、高等院校的相关专家研讨国家资产负债表的编制,国家资产负债表的研究与编制工作也因此成为当前国民经济核算的重大议题。政府部门作为国民经济核算的五大部门之一,由于政府经济活动的特殊性致使编表过程中存在多种技术难度而缺乏统一的核算表,迄今尚未对外公布过相关数据。而统一的政府资产负债表不仅关系到国家资产负债表能否成功编制,更为重要的是,相关数据的缺失,严重影响了政府对经济的调控能力与抵御风险能力。

## (二)研究意义

编制政府资产负债表对于政府资产负债统计分析、宏观经济决策具有重要的作用,主要发达国家都已经编制出政府资产负债表,并进行了一系列的深入研究,我国政府资产负债表的编制尚处于探索阶段。具体来说,政府资产负债表研究具有理论和现实两方面意义。

### 1. 理论意义

(1)有助于完善国民账户核算体系中资产负债核算理论。国民经济核算包括国内生产总值核算、投入产出核算、资金流量核算、国际收支核算和资产负债核算五大核算。资产负债核算是其中之一,属存量核算,其余四大核算均为流量核算,而关于流量核算研究较多,缺少资产负债存量核算研究,通过编制政府资产负债表,开展政府资产负债核算,有利于形成一个从流量核算到存量核算的经济循环全过程的核算闭环系统,完善国民账户核算体系。

(2)有利于完善政府资产负债表和国家资产负债表编制理论。我国目前尚没有独立的政府资产负债表,缺乏政府资产负债的专题性研究,政府资产负债表是国家资产负债表的子表,政府部门是国民经济运行的重要部门之一,在国民经济运行中处于主导和调控地位,其账户是国民经济账户的重要组成部分,本书将政府资产负债表从国家资产负债核算中单列出来,一方面有助于完善国家资产负债核算理论,另一方面促使更多学者关注政府资产负债的可持续性问题研究。

(3)有利于推动多学科交叉融合。政府资产负债表的编制涉及会计学、统计学、财政学、公共管理学等学科,其编制方法和规范需要借助政府会计核算体系、政府财政统计体系与国民经济核算体系。本书基于经济学理论和会计学理论,将政府会计核算、政府财政统计与国民经济核算结合起来,编制政府资产负债表,展现了学科交叉研究的重要性,有利于推动三大核算体系在我国政府资产负债上的理论研究。

2.现实意义

(1)政府资产负债表以政府部门资产的存量为核算对象,反映某一时点上政府部门所拥有的财力、物力的历史积累以及与之相对应的债权债务关系。编制政府资产负债表能够清楚了解到政府"家底"多大,从宏观上把握政府的财力全景,具体包括非金融资产、金融资产和负债数量。同时,编制政府资产负债表是为了监控政府债务风险问题,它是近年来发生的主权债务危机的重要原因之一。通过资产、负债的结构和数量情况,全面衡量政府面临的债务风险以及抗风险能力,进一步规范政府的债务管理问题。

(2)反映政府资产和负债的存量变化,有利益于监测政府的运行效率并进行绩效评估。GDP、投资、出口、消费、税收等经济流量指标在评价政府绩效方面存在明显的缺陷,政府通过盲目扩张、粗放型方式发展经济会带来这些流量指标的大幅度增加,也会产生资源环境破坏、政府债务扩张等问题,不利于经济的可持续发展,因而仅仅依靠流量指标监测政府运行效率和进行绩效评价远远不够,还需要注重存量指标分析。政府资产负债表虽然是某一时点政府的资产、负债规模,但时点与时点之间反映的是政府资产和负债的存量变化,因而政府资产负债表就是把某一时期政府经济活动"资产负债表化",以考察该段时间政府的运行结果和绩效。

(3)有利于为宏观经济运行提供基础数据,提高宏观经济决策的科学性和前瞻性。政府资产负债表提供政府运行流量和存量数据,是宏观经济部门制定经济决策的依据,同时,政府作为公共部门主体,其资产负债反映政府掌握资源的规模,有利于政府制定科学的公共政策。

## 二、文献综述

完整的政府资产负债表编制包括政府资产负债表理论框架、政府及其资产、负债等清晰的概念和获得相关数据并对其处理的科学方法等。从学者、国际组织到各国政府部门,国内外相关研究对政府资产负债表的编制理论和方法进行了广泛的探讨和实践,具体如下:

（一）国外对政府资产负债表的相关研究

1. 国外学者对政府资产负债表的研究

从国民经济核算和国家资产负债表编制的角度,1936 年,美国学者 F.G.Dickinson 和 Franzy Eakin 首次提出把企业资产负债表方法应用于国民经济核算。美国耶鲁大学教授 Raymond Goldsmith 在 20 世纪 60 年代开创性地研究国家资产负债表编制技术,并对国家资产负债表进行划分,编制综合和分部门资产负债表,其中,分部门主要包括非金融机构、金融机构、政府(包括联邦政府、州政府和地方政府)、住户部门(非营利机构包含在内)和国外部门等,并以此为基础开展关于金融结构和金融发展的研究。1966 年,英国学者 Jack Revell 等编制 1951—1966 年英国的国民资产负债表,对英国国民财富进行了估算。

从政府资产负债表的具体项目角度看,关于政府资产,从资产的界定、范围和估值方法等展开研究,Goldsmith( 1972)对日本的土地、固定资产、存货、耐用消费品和对外净资产数量进行估算,Scott Anthony( 1979)估算了加拿大的可再生财富。A Cadogan-Cowper 和 P.Comisari( 2009)将土地资源加入资产负债表中。J.M.Garland 和 Goldsmith( 1959)对澳大利亚的短期资产运用当期价格法,固定资产运用直线折旧法和重置成本法估算了澳大利亚的国民财富。Thomas K.Rymes( 2006)从资产的界定、数据采集和运用调查数据估算资产价值方法等方面系统总结了加拿大国民财富的估计方法。关于政府负债(或债务),Harvey S.Rosen( 2004)提出"政府隐性债务",政府资产与政府债务形成对应关系受到关注。Hana Brixi( 1998)将政府债务划分为四类,具体包括显性和隐性、直接和间接债务,构成财政风险矩阵,为分析政府债务问题提供了工具。

从政府资产负债表的应用看,相关研究集中在经济、金融风险和变化趋势。Allen 等(2002)通过资产负债表方法分析金融危机,清晰界定了四类金融风险:期限错配、资本结构错配、清偿力错配和货币错配。Haim 和 Levy(2007),Mathisen 和 Pellechio(2006),Lima 等(2006),以及 Rosenberg 等(2005)从一国或地区的债务、资本结构与金融稳定性之间的关系进行了研究。

2. 国际组织对政府资产负债表的研究

从国民经济核算的角度,1953 年,联合国统计委员会公布的《国民经济账户体系和辅助表》将国民经济总体中五大分部门的资产负债表核算纳入国民经济核算体系。1968 年联合国公布新的《国民经济核算体系》,即 1968 版 SNA,将资产负债表纳入国民经济核算体系中,形成完整的资产负债核算,对资产负债表的结构、经济流量与存量的关系进行描述。1977 年发布了《关于国民经济账户体系的国民和部门资产负债表及协调账户的临时国际指导》,从理论、原则和方法上对国家和部门资产负债表的编制和分析做了比较详尽的说明,并设计相关账户和表式。1993 年,包括联合国、国际货币基金组织(IMF)等在内的多个国际组织共同公布了《国民经济核算修订草案》,详细细化了核算部门、金融工具及其估值方法等概念,并增加资产、负债等资产负债表相关概念界定的规则,使得资产负债核算更加完善。2009 年,联合国更新了国民经济核算体系,SNA2008 作为国民经济核算的巅峰之作,鼓励多个国家按照 SNA2008 基本框架来编制国民经济账户,并将研发支出纳入固定资产项目,而不再作为中间投入。

从政府财政统计核算的角度,统计学家 Jonathan Levin1972 年发表《衡量政府的有关问题》,系统论述了政府财政统计核算的原理、原则和方法,为 GFS 的建立奠定了重要基础。IMF1974 年编制出版《政府财政统计手册:草稿》,可以将其视为政府财政统计核算体系(GFS)作为一个独立经济核算体系正式确立的标志性成果,它系统阐述了财政统计的理论和分析框架,并对财政统计的原则、方法及科目分类进行了详细阐释。1986 年,IMF 发布新版 GFS,在政府范围界定、账户设计、交易分类等方面进行更新,使之更科学、全面。2001 年,GFS 将政府资产、负债和净值等存量指标纳入核算体系,存量和流量核算完整地纳入一个核算框架中。为了与 2008 版 SNA 实现对接,IMF 发布 2014 版 GFS 操作手册,引入经济所有权概念,区分经济所有权和法律所有权,并对资产、负债的边界进行界定,不含或有资产和或有负债。

从政府会计核算的角度看,在新公共管理运动的推动下,公众对政府会计信息提出了更高的要求。1986 年,国际会计师联合会(IFAC)成立公共部门委员会,着手制定公共部门会计准则(IPSAS),主要目的是提高公共部门会计和报告的质量,改善政府运行绩效。目前国际上通用的是 2008 版 IPSAS,其核算体系对财务报告目标、会计核算基础、财务报告主体范围、会计要素和列表等进行了详细的阐述和说明。

联合国、IMF 等国际组织主要从宏观统计的角度,对国民经济运行进行核算,政府资产负债核算作为其中一部分,属于统计上存量核算的角度。政府会计核算是专门对政府过往交易事项进行记录并形成政府财务报告,以反映政府运行绩效。不同核算体系,其核算的侧重点不一致。

3. **主要发达国家编制政府资产负债表的实践**

从编制主体看,包括澳大利亚、加拿大、英国、法国、德国、意大利、日本和韩国在内的国家,由国家统计局负责编制国家资产负债表,中央银行编制央行部门资产负债表,美国则是由财政部门负责编制政府部门资产负债表。在内容和形式上,主要按照联合国国民账户体系进行编制,资产包括金融资产和非金融资产,负债只包括金融负债。其中,非金融资产由生产性资产和非生产性资产组成,金融资产和负债则是由各种金融工具构成。

### (二) 国内对政府资产负债表的相关研究

#### 1. 国内学者对政府资产负债表的研究

国内学者对政府资产负债表的研究主要从政府会计的角度展开。我国政府部门实施的是预算会计,长期以来,我国政府会计研究并未引起人们的广泛重视。直到最近几年,由于预算会计对象过于狭窄、会计信息不全面等弊端的存在使其越来越不适应经济社会发展需要,会计界因此对政府会计投入了空前研究热情,如李建发(2001),刘光忠(2002),陈纪瑜、陈友莲(2003),王庆成(2003),王雍君(2004),陈少强(2005),张国生(2005),陈纪瑜(2006),刘炳江(2009),付佳利(2012),王灵敏(2013)等从预算会计实施收付实现制存在的缺陷、可能存在的风险等角度探讨了政府预算会计改革的必要性;另有部分学者如楼建伟(2002),陈穗红(2004),林倪滨(2005),贝洪俊(2005),王敏(2007),厉国威(2010),张雪芬、郭萍萍(2012),邢成林(2013),张云志(2013),李宏仁(2013),刘美芸(2013),马英(2013),黄保华(2013),张惠(2013),何悦(2014)等对政府会计引入权责发生制的优越性、必要性、可行性、如何引入等问题展开了探讨;除此之外,一些学者如李定清、刘东(2003),陆建桥(2004),陈小悦、陈璇(2005),叶龙、冯兆大(2006),路军伟(2010),陈志斌(2011),王芳、张琦(2014)等分别从政府会计要素、政府会计目标、会计改革路径、核算主体、信息披露、概念框架结构等方面对政府会计相关理论问题进行了研究。政府会计的相关研究侧重于微观核算方面,宏观政府资产负债表不同于微观政府财务报告,二者在核算目的、内容、方法等方面存在较大的差异。

　　国内宏观政府资产负债表的研究起步较晚,党的十八届三中全会通过的《中共中央关于全面深化改革若干重大问题的决定》中,明确提出加快建立国家统一的经济核算制度,编制全国和地方资产负债表。很多学者对政府资产负债表的研究进行了很多有益的探索。李杨(2013)依据国民资产负债表的理论框架,编制过国家资产负债表,特别对主权政府资产负债表的理论、方法,主权债务风险评估等进行了深入研究,并于 2016 年发布跟踪研究结果。马骏(2012)根据发达国家经验,运用估值法编制了中国 2002—2010 年国家资产负债表和政府资产负债表,其中政府资产负债表区分中央和地方两个层次。曹远征(2012)运用推算法,编制了国家资产负债表,与马骏的研究大体一致。国家自然科学基金课题组杜金富团队通过对国际规范(如 SNA 和 GFS)和发达国家经验的分析,专门对政府资产负债表的编制理论和方法进行研究,将政府分为三个层面:狭义政府、广义政府和公共部门。余斌(2015)对上述四个团队的研究成果和国家统计局的编制方法从部门划分、项目工具和数据等方面进行优缺点比较研究,通过继承和调整得到国家(政府)资产负债表,中国社会科学院财经战略研究院课题组(2014)认为中国的政府资产负债表应当先解决"有无"问题,继而逐步细化完善。基于此构建中国政府资产负债表框架,以此为基础,估算了 2010—2012 年的中国政府资产负债规模。规模估算方面,重点在于政府资产,尤其是反映中国政府财力基础的资产。汤林闽(2014)提出地方债务风险的重点在于政府资产负债表,基于此着手构建我国地方政府资产负债表框架,并基于该框架估算地方政府资产负债规模,重点集中于地方政府资产。张子荣(2015)结合我国地方政府债务的内涵,编制我国地方政府的资产负债表,并通过对净资产、资产负债率、债务负担率、KMV 等的分析,认为我国地方政府债务的风险很小,总体可控。汤林闽(2014a,2014b)通过构建政府资产负债表的框架,对中国政府资产负债表进行编制和估算。李金华(2015)对中国国家资产负债表的谱系和编制方法进行了深入剖析。向书坚等(2015,2016)认为自然资源的经济所有权归属政府,提出由政府部门编制自然资源资产负债表,并对自然资源资产负债表中资产范畴、负债问题展开了详细的探讨。

2. 国内相关部门对政府资产负债表的研究

国家统计局在 20 世纪 80 年代开始研究中国国家资产负债核算,1992 年把资产负债核算正式纳入"中国国民经济核算体系"。1995 年国家统计局制定了全国统一的《资产负债表试编方案》和国民资产负债核算制度,并于 1996 年开始编制资产负债表,现已编制了多年的国家资产负债表,但尚未对外公布。

2011 年财政部发布《权责发生制政府财务报告试编办法》,积极探索编制政府资产负债表,并在 11 省市试点编制,至今已经扩展到 20 多省市。

(三) 文献述评

国外对政府资产负债表的研究起步早,已经积累了丰富的研究成果,且一些发达国家已经对外公布政府资产负债表,为我国编制政府资产负债表提供了重要的启示和经验。然而,国外对政府资产负债表的研究详细程度和综合性有待提高,具体表现为:一是不同国家的政府资产负债表之间缺乏可比性。价格水平、资产负债涵盖的范围、对政府主体的范围界定和分类等使得不同国家间的政府资产、负债水平并不具有可比性。二是政府资产、负债核算需要进行大量的详细的资料搜集工作和研究工作,目前澳大利亚是政府资产负债核算综合性程度最高的国家,其他国家的政府资产负债核算有待进一步完善。

国内政府官方尚未对外公布政府资产负债表,编制难度可见一斑。国内多个研究团队对政府资产负债表的编制进行了有益的探索,从已有研究看,可以发现:第一,政府资产负债核算急需一套自成体系的核算理论与方法。不同研究团队对政府资产负债表中政府范围、资产负债项目范围的界定存在较大的差异,且使用的编制方法也不尽相同(马骏,估值法;曹远征,推测法;李杨,估算法;杜金富,直接核算法;余斌,调整法),最终形成多个版本的政府资产负债表,使得政府资产负债表的应用价值无法发挥。第二,关于政府资产负债核算无论是会计还是财政统计均未建立系统理论,学术研究"各自为政",缺失将各大核算放在一个大环境系统下从全局角度研究政府资产负债核算理论与方法的成果,政府会计核算、政府财政统计核算与国民经济核算在政府资产负债核算方面缺乏有效的连接和融合。可见,基于各大核算框架对政府资产负债进行调整是突破政府资产负债表难以架构的途径之一,也是维系政府资产负债核算制度可持续性的必然之路。第三,当前我国政府资产负债表很难建立的原因之一就是缺乏与之联系的基础数据,利用已有的微观会计数据,通过制度设计获取必要的统计核算数据,是夯实政府资产负债表微观数据基础的有效途径。

尽管现有相关政府资产负债表的研究目的和方法不同,均为未来国家编制政府资产负债表的研究奠定了良好的基础。本书将在已有研究的基础上,梳理政府资产负债表的理论基础,从政府的主体特性、功能定位和编制政府资产负债表的目的出发,基于各大核算框架对政府资产负债进行调整,构建政府宏微观核算一体化框架,提出新的积累账户核算方法,以期弥补现有政府资产负债表研究的不足。

## 三、研究方法

### （一）理论联系实际的方法

理论是抽象的,实际是具体的,抽象的理论需要靠实践来检验,具体实践需要通过抽象的理论获得升华。政府资产负债表编制的理论基础包括社会再生产理论、公共管理理论和委托代理理论等,相对应的国际核算体系为国民账户体系,政府财政统计核算体系和政府会计核算体系,不同层次政府划分,具有不同特点,需要结合不同理论展开,如行政事业单位资产负债表的编制,需要结合公共管理理论和政府财政统计核算。同时,国外编制政府资产负债表的历史较长,主要发达国家已经编制出政府资产负债表,但在应用在我国时需要结合我国的具体实际,加以更新和完善。理论联系实际是我们的思维方法,也是本书的基本研究方法。

### （二）多学科融合的方法

政府资产负债表编制涉及会计学、统计学、财政学、公共管理学等学科,单纯依靠某一学科实现编制政府资产负债表,很难达到政府资产负债表的编制目的。资产负债表的方法和微观基础数据来源于会计学理论,宏观统计数据分析需要借助统计学,政府的经济活动行为需要用财政学和公共管理学进行刻画。因而本书通过多学科融合方法,试图打通会计学、统计学、财政学、公共管理学等学科相关研究内容,形成比较系统的政府资产负债表编制理论和方法。

### （三）比较分析的方法

本书从政府资产负债表中核算主体政府和核算客体资产、负债等方面的内涵、范围等方面,对微观核算体系和宏观核算体系进行比较分析,明确界定相关概念的内涵和范围。同时,在实现不同核算体系框架过渡衔接时,通过具体比较核算项目范围、项目内容实现对接和转换,使用的都是比较分析的方法。

## 四、研究思路和内容

### (一)研究思路

第一,一切经济学研究都需要理论基础,编制政府资产负债表首先应该确定其相关理论基础。政府资产负债表的重心在资产负债表,资产、负债是其核心因素,对于资产、负债的形成,源于社会再生产理论,资产作为生产的起点,通过生产、分配、消费、积累等环节,返回到资产环节,形成一个价值循环,这个过程反映了资产、负债的增减变化。要把资产、负债通过核算表的形式表现出来,需要借助会计学中的理论和方法,通过"资产-负债=净资产"这一恒等式反映。政府资产负债表的主体是政府,它不同于一般企业部门,以公共利益为核心,既是管理者,又是重要的生产者,提供公共服务,因而需要借助财政学和公共管理学相关理论分析政府的经济活动。同时,政府资产负债表的编制涉及统计学、会计学、财政学、公共管理学等学科,进一步分析其学科属性定位,便于形成政府资产负债表的理论框架。

第二,政府作为政府资产负债表的核算主体,范围界定问题是首要问题。政府区别于私人企业、居民住户等,它是以公共利益为核心的。按照公共性这一核心特征,从政府职能、活动属性出发,结合国民经济核算体系、政府财政统计核算体系和政府会计核算体系对政府范围的划分进行比较分析,形成对政府范围的统一认识。我国的政府划分具有自己的特点,进一步结合我国组织机构的活动属性和功能,将我国政府资产负债核算主体范围划分为狭义政府、广义政府和政府三个层次。

第三,政府资产、政府负债是政府资产负债表的重要组成部分,不同的核算体系对政府资产、负债的定义、范围界定不同,有必要对政府资产、负债范围进行规范性探索,统一认识。以往资产、负债的定义主要来源于私人企业,政府以公共利益为核心,不同于私人部门,因而政府资产、负债的定义不同于私人部门。同样,应从政府职能、编制政府资产负债表的目的出发,对政府资产、负债的范围进行界定。

第四,范围界定为编制政府资产负债表提供重要基础,编制方法是实现途径。政府既是管理者,又是重要的生产者。对于行使管理者职能的行政单位,为完成日常业务活动所需的资金主要来源于财政拨付的预算资金,支出完全是为了满足社会公共需要。财政资金的收和支,形成了行政单位的资产和负债。政府财政统计体系核算的是政府财政收支流量以及存量,为编制行政单位资产负债表提供核算框架,政府会计为其提供微观数据基础,并不意味着可以直接运用政府会计的框架、数据整合得到行政单位资产负债表,政府财政统计核算体系和政府会计存在较多不同之处,需要在比较的基础上,对二者存在的指标、范围、价格等不同之处进行调整,建立衔接框架来编制行政单位资产负债表。

第五,公共企业主要行使政府的生产职能,为社会提供公共产品或准公共产品。公共企业为社会提供公共产品时,其生产活动按照社会再生产环节进行,对于公共企业的资产负债表的编制,需要结合国民经济核算体系。

第六,数据是编制完整的政府资产负债表的必备条件之一。政府资产负债表的编制需要政府部门和公共企业部门通力合作,提供数据。财政部主要负债政府部门的数据收集和整理,统计局负责公共企业的数据调查、收集,最终通过编制具体项目账户,实现数据对接,完成资产负债表的编制。

综上所述,本书的研究思路可用如图0-1所示的技术路线图表示。

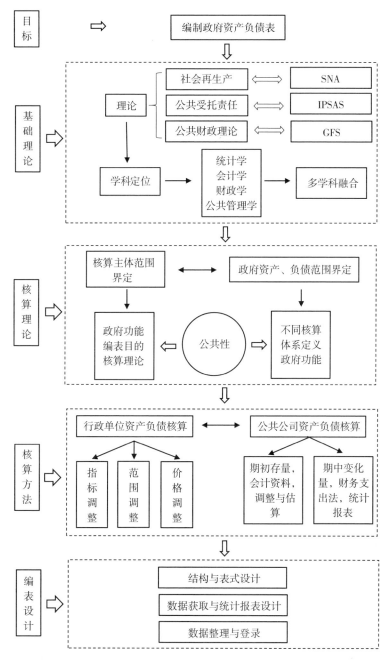

图 0-1　本书技术路线图

## （二）研究内容

本书主要围绕政府资产负债表的编制理论和方法展开研究,具体内容包括八部分,各部分内容简介如下:

第一部分为导论。首先介绍了政府资产负债表研究的国际背景和国内背景,从理论和实际意义两个方面,对研究的意义进行阐述。然后对政府资产负债表的相关研究文献进行梳理,并进行综合述评。接下来介绍了本书的研究方法、研究思路和研究内容,并用技术路线图分解。最后总结了本书的创新点和不足之处。

第二部分为政府资产负债表的相关基础理论研究与学科属性定位。通过分析社会再生产理论、受托责任理论、公共管理理论与政府资产负债表的关系,为编制政府资产负债表提供理论基础。接着,分析政府资产负债表与统计学、会计学、财政学、公共管理学的关系,对其学科属性进行定位,为政府资产负债表编制提供学科环境,奠定政府资产负债表的理论框架。

第三部分是政府资产负债表中核算主体范围界定。首先对政府的定义和功能定位进行阐述。其次,结合政府资产负债表的编制目的,据SNA、GFS、IPSAS三种核算体系对政府范围进行比较。最后,结合我国组织机构的活动属性和功能对我国政府资产负债核算主体范围进行界定和划分。

第四部分是政府资产负债表的核算客体范围界定。政府资产负债表的核算客体包括政府资产和负债两部分。首先,在政府资产范围界定上,比较分析微观核算体系和宏观核算体系对政府资产的定义,在此基础上,结合政府的功能定位和编制政府资产负债表的目的对政府资产进行定义。接着分析政府在经济活动中的作用,对政府资产进行界定和划分。其次,在政府资产范围界定上,比较分析微观核算体系和宏观核算体系对政府负债的定义,分析债务与负债的区别,在此基础上,对政府负债进行定义。从政府会计核算中的政府财务报告、国民经济核算和政府财政统计核算体系中的政府资产负债表中负债项目对政府负债范围进行界定,并分析或有负债是否应该包含在政府负债范围。

第五部分是行政单位资产负债表核算方法。首先分析行政单位的职能、范围。其次,分析行政单位资产、负债的形成及其特点。接着比较行政单位会计和 GFS 资产负债核算的项目范围,核算方法等,为利用行政单位会计资产负债核算内容编制 GFS 资产负债表提供基础,最后分别从指标调整、项目调整和价格调整三个方面建立行政单位会计和 GFS 资产负债表的调整衔接表。

第六部分为公共公司资产负债核算方法。公共公司的生产经营活动符合社会再生产的特征,需要使用 SNA 资产负债核算方法。对于公共公司期初资产负债核算,利用公共公司的会计资料,调整、转换、合并,期中资产负债变化核算,利用企业财务支出法,分析微观企业会计指标与宏观核算指标关系,对公共公司进行储蓄核算、资本转移核算、资本形成核算、金融账户核算、资产其他物量变化核算和重估价核算,最终实现积累账户核算。

第七部分考察政府资产负债表的编制设计。从编制政府资产负债表的三个基础性问题展开讨论:在政府资产负债表的表式和结构上,基于不同的研究目的设计政府单位资产负债表、政府资产负债集合表、不同层次政府机构范围的资产负债表以及存量和流量变化表;获取编制政府资产负债表数据的方法有直接法和间接法,微观主体的业务核算数据只有通过统计报表获得,通过设计统计报表由微观主体自行上报;数据获取之后的整理主要是采用汇总的方法,有利于更加全面衡量政府的债务风险。

第八部分为结论和研究展望。

## 五、研究的创新点

目前国内关于政府资产负债表的研究缺乏系统的研究，本书围绕政府资产负债表的编制理论与方法开展研究，从总体而言是一种创新，具体如下：

### （一）运用多学科融合方法定位政府资产负债表

与政府资产负债表相关理论包括社会再生产理论、受托责任理论和公共经济（财政）理论，通过梳理这些理论与政府资产负债表的关系，发现政府不同于私人部门，需要将这些理论结合起来，才能编制完整而全面的政府资产负债表，同时，编制政府资产负债表涉及统计学、会计学、财政学和公共管理学等学科，很多学者提出单纯依靠某一学科，如会计学，它只是作为微观政府财务报告，很难达到宏观层面的要求，会计环境的不一致，很难实现国际比较，因而单纯依靠某一学科很难实现编制政府资产负债表。因此，对政府资产负债表进行学科属性定位，建立编制政府资产负债表的学科环境，形成政府资产负债表的理论框架，运用多学科融合的方法，进而界定政府资产负债表的基本概念、范围等，有利于政府资产负债核算结果的准确性、全面性。

### （二）突出政府公共性的特点

现有研究主要围绕政府作为管理者角色展开，并未突出政府以公共利益为核心，为公众提供公共产品。政府通过财政资金和借贷资金提供公共产品和准公共产品，但投资这些产品并不是为了盈利，因而很难通过获取经济利益进行价值补偿，同时，在公共领域投资，容易产生期限错配等问题，形成政府的债务风险。因而，忽视政府公共性特点，将会隐藏政府的债务风险问题,无法准确衡量政府的债务风险。本书在界定政府、政府资产、政府负债的概念和内涵时,都强调政府以公共利益为核心,使得这些概念、内涵更加全面。

### （三）构建行政单位资产负债核算宏微观衔接框架

行政单位资产、负债的形成主要来源于财政资金,GFS 主要核算财政收支流量和存量,可以通过 GFS 编制行政单位资产负债表。政府会计最接近 GFS 微观基础的数据来源,但二者在核算项目、核算范围和估计方法上存在差异。本书全面比较行政单位会计和政府财政统计在核算项目、核算范围和估计方法上的差异,在此基础上,探索微观与宏观衔接的调整方法,为编制政府资产负债表提供一种全新的思路。

### （四）利用企业统计报表和财务支出法核算公共公司资产负债

公共公司资产负债核算包括期初存量核算和期中资产负债变化量核算。公共公司作为企业,创造财富或经济价值,在价值创造转移过程中,形成资本和存货,对于这类变化量核算,只有通过统计报表,获取公共公司的业务核算数据,运用业务财务指标,估算资产负债变化量,相较于全面核算企业的资产负债,简便易行。

# 第一章 政府资产负债表的理论
## 基础和学科属性定位

　　一切经济学研究都需要理论基础,与政府资产负债表相关的理论主要包括社会再生产理论、受托责任理论和公共经济理论,与这些基础理论相对应的核算体系是国民经济核算体系、政府会计核算体系和政府财政统计核算体系,本章将对政府资产负债表及其相关基础理论的内在关系进行梳理,并根据相对应的核算体系,阐述政府资产负债核算基础理论,为编制政府资产负债表提供坚实的理论基础。此外,编制政府资产负债表涉及统计学、会计学、财政学和公共管理学等学科,探究政府资产负债表与相关学科关系,有利于在具体学科环境下形成政府资产负债表的编制理论。

## 第一节　政府资产负债表的理论基础

　　政府资产负债表由政府和资产负债表两个关键词组成,其中,资产、负债是资产负债表的重要项目。与资产、负债、资产负债表和政府这几个关键词相联系的理论是社会再生产理论、受托责任理论和公共经济理论。原因在于,资产与负债相对应,生产是社会生产四环节的起点,从生产要素看,生产资料、劳动对象和劳动工具等都属于资产,从生产的结果看,资产是未被消费完的产出的积累,因而分析资产、负债需要结合社会再生产理论;会计中通过资产负债表反映会计主体的财务状况,其主要功能是为资产负债表使用者提供有用信息,反映受托责任;政府作为公共主体,不同于一般市场主体,应从公共经济理论的角度分析政府行为。因此,政府资产负债表的理论基础具体如下:

## 一、社会再生产理论

### (一) 社会再生产理论内容

社会再生产理论是指马克思的社会再生产理论,它是研究社会再生产与交换及其实现条件的科学。从严格意义上说,社会再生产是社会物质资料的再生产,指社会成员获得物质资料的过程。可以从以下三个方面阐释社会再生产理论:

1. 社会再生产的基本特征

社会再生产主要表现为两性:一是生产的社会性;二是生产的连续性或再生性。前者主要指生产是社会的生产,孤立的个人生产是不存在的,这是由生产过程的三个要素(人、物和技术)都具有社会性而决定的;后者指的是社会生产是连续不断地进行的,后一个生产过程和前一个生产过程是有机联系在一起的,中间没有间隔。这种社会生产的连续性就是一种再生性。马克思在《资本论》中指出:"一个社会不能停止消费,同样,它也不能停止生产。"任何社会生产都是再生产,这是社会生产的连续性的表现。

2. 社会再生产的表现形式

社会再生产的表现形式集中在两个方面:社会再生产过程和社会

再生产内容。社会再生产过程分为生产、交换、分配和消费四个环节。以生产环节作为起点,通过分配流向消费环节,然后通过交换,返回到生产环节,形成一个价值的循环。四个环节是一个整体,总称社会再生产。社会再生产内容表现为Ⅰ部类生产资料,Ⅱ部类消费资料两个部类的生产。从实物形态来看,生产生产资料的部类,其产品进入生产消费。生产消费资料的部类,其产品进入个人消费。从价值形态看,两个部类的产品总价值由不变资本 c、可变资本 v 和利润 m 组成。

3. 社会再生产的问题归属

社会再生产理论是从整个社会的角度,总结社会生产的运动形式和生产规律,它属于宏观经济问题。社会再生产作为一个整体,包括生产、交换、分配和消费四个环节,四个环节又不断进行循环往复,从内容上看,包括两个部类,分别为生产资料和消费资料的生产,因而社会再生产理论研究的是全局性的问题和宏观经济规律。

(二) 社会再生产与资产的形成

马克思在《〈政治经济学批判〉导言》中指出:"社会生产作为一个有机整体,由生产、分配、交换和消费四个环节构成,生产决定于一般自然规律,分配决定于社会偶然情况,因此它能够或多或少地对生产起促进作用;交换作为形式上的社会运动介于两者之间;而消费不仅被看成终点而且被看成最后目的的结束行为,又反过来作用于起点并重新引起整个过程。"生产是起点,起决定性作用,通过分配、交换、消费,最终回到生产,形成一个物质生产和价值的大循环,社会再生产又具有连续性的特征,形成周而复始的生产过程。

社会再生产可以分为简单再生产和扩大再生产。简单再生产从内容上看,主要是两大部类产品的基本交换关系,第Ⅱ部类工资 v 和剩余价值 m 可以通过第 II 部类内部交换,第 I 部类生产资料 c 可以通过第 I 部类内部交换,I(v+m)与 IIc 通过两大部类之间的交换进行而实现,这也是简单再生产的实现条件。从简单再生产过程看,起点是生产,生产的产品通过分配、交换,一部分用于固定资本的补偿,其余全部用于消费,循环往复。假定在一个生产周期,固定资本全部转移到产品中去,简单再生产没有资本累积,只有资本更新。

扩大再生产是与资本积累在一起的,资本积累就是剩余价值的资本化。资本家把代表剩余价值的货币转化为追加资本的生产要素,追加的资本在下一生产周期会提供更多的产品,扩大再生产得以实现。扩大再生产实现的条件是 I(v+m)>IIc,只有当 I(v+m)>IIc,第 I 部类要用它的剩余产品为第 II 部类进行积累时所必需的不变资本提供材料,也即第 I 部类本身才可能进行生产资本的积累,才有可能为第 II 部类不变资本的积累提供追加的生产资料。简单再生产是扩大再生产的基础,在扩大再生产过程中,经过生产、分配、交换和消费等环节后,不仅有固定资本更新,还有新的资本形成,即剩余价值转化成的追加投资。整个生产过程经过资本积累形成新的资本,从而使得资产增加,生产过程反映资本的更新和资产的变化。从宏观经济运行看,社会再生产过程形成整个社会固定资本和资本积累。

因此,从社会再生产理论的内容看,政府的社会性表现为进行公共管理和生产公共服务,进行公共管理的目的是维护良好的社会秩序,创造稳定的生产环境,生产公共服务的目的是弥补市场生产的不足。对于政府的公共管理,其资金主要来源于税收,在整个资金运动过程中,并不涉及社会再生产环节,因而不需要按照社会再生产理论核算行使公共管理职能的政府的资产负债;对于生产公共产品的政府部门,整个生产环节都按照社会再生产的四个环节进行,且具有连续性,因而核算其资产负债需基于社会再生产理论,特别是资本形成,它是经过资本积累形成新的资产,需要重点核算。

## 二、公共受托责任理论

### (一) 委托代理与公共受托责任

1. 委托代理

随着生产规模的扩大、社会化大生产出现,所有者通常没有足够的精力、知识和能力来管理生产及运营,从而需要大量具有专业知识、技能的人才来协助管理。在这一专业化分工的需求下,委托代理应运而生,经营者作为委托人授权专业管理者经营企业,实现了所有者与经营者的分离。

委托代理关系实际上是一种契约关系。它是指一方或多方行为主体根据一定的契约条件,指定或雇用另一方或多方为其服务,也给予其一定的决策权力,并对此服务提供一定数量的报酬。在委托代理关系中存在着两对矛盾:矛盾之一是委托人和代理人的目标不一致,即委托人追求自身财富的最大化,代理人追求自身利益(包括薪酬、职务等级、名誉等)最大化;矛盾之二是信息不对称,即代理人具有在专业知识、管理能力上的优势,对企业的经营运转掌握着更为全面的信息,委托人对委托的事务、代理人的行为等信息了解不充分,因此代理人可能为了追求自身财富最大化,使得企业发展具有短期倾向,最终不利于委托人的利益。因此,委托代理研究的是委托人和代理人利益一致的条件下,通过制度设计,使二者的信息不对称程度降到最低。

2. 公共受托责任理论

委托代理关系普遍存在,政府与公众之间的关系也属于委托代理关系。政府作为公共主体,其控制的资源主要来自于资源提供者——

公众,作为代理人,应对资源使用的效率、效果、效益负责,公众作为委托人,关注的是资源的使用去向和效果,关心公众利益和社会福利的实现与改善,他们之间存在着委托代理关系。政府与公众间委托代理关系不同于一般的委托代理关系,它存在于公共领域,是一种公共受托责任,Hopwood(1984)认为公共受托责任是政府使国民确信其活动与产出符合预定目标与规范的一系列方法、机制与程序的集合。在委托代理过程中,政府与公众之间存在矛盾:矛盾之一是政府和公众的地位不对等,二者是管理与被管理的关系,且作为公共受托责任的最终授权方——公众,具有高度分散化的特点,很难形成合力对政府进行监管。政府与公众之间的关系是强势与弱势的关系,政府形成强势代理,公众则是弱势委托。矛盾之二是信息不对称。政府获得公众授权对国家资源进行管理,提供公共产品和服务,政府具有掌握信息的优势,而公众作为授权方和消费者,获取信息的能力有限,或者获取信息代价较大,信息掌握的多与寡造成政府与公众之间信息不对称。为解决上述矛盾,需要通过制度设计,使得公众和政府的矛盾减少,利益趋同。

### (二) 公共受托责任和政府资产负债表

利益不一致、信息不对称造成委托者和受托者之间存在矛盾,不利于委托代理关系的存续发展。政府处在强势地位并掌握信息优势,很可能更关注自身利益的改善和扩大,使得公众利益处于不利地位。因此,需要一种制度安排来计量、记录和报告政府在公共政策选择及资源筹集、使用和管理情况,使得政府和公共受托人的利益不一致程度最小化,政府资产负债表属于这种制度安排。

政府资产负债表反映的是政府在某一时点的资产、负债的总量和结构状况,时点与时点之间反映的是在一段时间内政府的经济活动对政府资产、负债的影响变化情况。公众通过政府资产负债表,获取政府经济活动的信息。政府披露的信息对于公众来说具有双重性:一方面,政府作为国家资源的管理者,公众需要了解资产的保值、增值情况、政府债务发生与履行情况等;另一方面,公众作为税收的提供者,需要了解政府通过投资生产公共产品的情况以及提供公共产品的能力、效益等。

政府通过编制政府资产负债表,为公众提供其需求的必要信息,履行政府与公众之间的契约,解除受托责任。公众可以通过政府资产负债表,评价政府对资源的保护和维护等方面的管理情况,评价政府的财政状况的信息,提供服务的努力程度、成本和成就的业绩信息。

## 三、公共财政与公共经济理论

### (一) 政府与财政预算

#### 1.政府与财政预算的关系

财政预算又称公共财政预算,由政府编制、经立法机关审批、反映政府一个财政年度内的收支状况。财政预算具体指将政府的财政收入和财政支出按照一定的标准进行分类,反映政府的财政收支状况。政府作为公共主体,其活动资金来源主要是财政收入。政府通过财政资金,一方面进行行政管理以维持自身机构的正常运转,另一方面提供公共产品和服务,满足公众的需求。财政预算既是政府履行其职责,促进经济社会发展目标的计划,也是限制政府财政收支的手段。财政预算的编制能够规范政府活动的行为和方向。

自2015年1月1日开始,我国开始实行新预算法。新预算法要求加强对预算的管理和监督,建立健全全面规范、公开透明的预算制度,具体体现在:实行全口径预算体系,健全地方政府债务管理制度,规范财政转移支付制度,建立预决算公开透明制度,提高预决算编制科学性,增强预算执行和预算调整规范性,完善预决算审查监督制度。通过实行新预算法,最终实现内容完整、公开透明的现代预算管理,使得政府的行为在公众的授权和监督下进行。

2.政府资产负债表和财政预算

政府资产负债表和财政预算的关系表现在内容完整性和预算监督两方面,具体来说:

从内容完整层面讲,我国当前财政预算是收支流量为主,但缺少对政府收支形成存量的核算。收支流量预算只能反映财政收支情况和去向,不能反映财政收支结果,更不能反映财政收支带来的效益等。编制政府资产负债表,核算流量收支形成的存量,能够达到反映政府收支活动的效果,并对政府在一段时间内的经济活动的效益进行评价,将收支存量核算和流量核算结合起来共同反映政府的财政预算执行情况和结果。同时,政府资产负债表还能够揭示政府的负债状况,财政分权使得地方政府财权和事权不匹配,地方政府一味追求 GDP 发展,通过地方融资平台借贷资金,最终导致地方政府债务风险不断积累。编制地方政府资产负债表,将各级政府的负债情况系统揭示出来,使之规范化、透明化,有利于对地方政府债务的管理,提高资金的使用效率。

从预算监督层面讲,预算监督是对预算资金的筹集、分配、使用的监督,包括预算收支计划的编制、执行过程以及财政制度和财政纪律的执行情况等。预算是国家的主体,在财政监督体系中起主导作用。我国预算监督的主体是全国人民代表大会及其预算委员会。政府是财政资金的使用主体,政府通过财政资金的使用,履行其政治、经济、社会等职能。预算监督通过对财政资金的分配和安排,约束和监督政府的行为和职能范围,保证其行为的公正性和规范性。当前,全国人大和公众只能通过政府预算报告和决算报告了解政府财政的执行情况,且预决算报告都是流量数据。公众不仅需要监督财政的执行情况,还需要对公共部门的资源组成、使用和效益进行监督,对负债的来源、债务偿还情况等进行监督,最终对政府资产负债综合管理情况进行监督。编制政府资产负债表,可以对财政预算造成的收支存量变化情况进行监督,如政府资产、负债等,有利于提升财政预算的效果。

### (二) 政府与公共产品

公共产品(Public Goods),与私人产品(Private Goods)相反,是指具有消费或使用上的非竞争性和受益上的非排他性的产品。公共产品的基本特征是非竞争性和非排他性。非竞争性是一部分人对某一产品的使用不能减少他人对该产品的消费;非排他性指产品在消费过程中不能排除他人使用。公共产品可分为纯公共产品和准公共产品。

由于公共产品具有非竞争性和非排他性,使得私人部门缺乏生产动力,原因在于私人部门生产公共产品不能排除他人消费,或者排除他人消费的成本过高导致无法获得生产利润,因而公共产品必须由公共支出予以保证。政府作为公共财政的主体,将从纳税人获得的财政资金用于公共产品的生产,满足公众的需求。政府提供公共产品的方式有直接生产、补贴生产和公私合营三种,通过生产公共产品,弥补市场机制的不足。

政府作为提供公共产品的主体,通过对政府进行不同层次的划分来编制政府(包含公共部门)资产负债表,可以反映公共部门的资产、负债情况,进而反映政府提供公共产品的能力,还可以反映政府与市场的关系、政府控制的资源规模情况。

### （三）政府与宏观经济调控

经济周期一般是指经济活动沿着经济发展的总体趋势所经历的有规律的扩张和收缩，包括繁荣、衰退、萧条和复苏四个阶段。经济周期是市场经济固有的现象，但由于经济体系内部如投资、需求、成本的原因和政治周期的外部因素，导致经济周期波动幅度较大，损害经济的增长，需要政府发挥宏观经济调控的手段，熨平经济过大的波动，保持经济的平稳增长、充分就业和稳定物价。

政府进行宏观经济调控最常用的手段主要包括财政政策和货币政策。财政政策是指通过财政支出与税收政策的变动来影响和调节总需求进而影响就业和国民收入的政策，它直接作用于总需求，间接作用于总供给。货币政策是中央银行通过调节市场上的货币供应量来影响利率水平，进而通过市场利率影响市场投资，影响总供给和总需求的政策，它都是间接影响总供给和总需求。

政府通过财政政策和货币政策进行宏观经济调控，行使政府的经济职能。财政政策和货币政策的手段直接表现为政府资产负债表的收缩与扩张。如经济萧条阶段，政府实行扩张的财政政策，主要措施包括减税、发行国债、增加公共投资在政府资产负债表中直接表现为资产的减少、负债的增加和公共投资引起的资产增加。因而，政府通过宏观经济调控，表现在政府资产负债表的变化是政府资产、负债的增减。

总之，公共财政或公共经济理论是研究政府行为的理论，公共产品生产与政府宏观调控等都是政府在经济管理过程中的具体行为，财政预算是政府开展活动的资金来源，而政府资产负债表是政府行为的结果表示，因此，编制政府资产负债表，研究政府行为及其结果，特别是定位政府的职能、性质等，必须依靠公共经济理论。

## 第二节　政府资产负债核算原理

政府通过经济活动行使政府职能,对政府的资产、负债产生影响,从而使得政府资产负债表发生变化,需要一定的理论和方法将政府资产负债及其变化信息定量反映出来,即政府资产负债核算理论。本节从宏观、微观两个层面介绍政府资产负债核算理论,宏观核算理论包括国民账户体系与政府财政统计核算体系中政府资产负债核算原理,微观核算理论指公共部门会计核算或政府会计核算。

### 一、国民账户体系与政府资产负债核算

#### (一) 国民账户体系

国民账户体系(System of National Accounts,SNA)是一套基于经济学原理按照严格的核算规则进行经济活动测度的国际公认的标准核算体系,详细而全面地记录了一个经济体内发生的复杂经济活动,以及在市场内或其他地方发生的不同经济主体之间、不同机构部门之间的相互作用。

联合国统计委员会于1953年公布的《国民经济核算体系及其辅助表》标志着 SNA 的正式诞生。国民账户体系 1953 提出通过制定标准的国民核算体系,提供具有普遍适应性的报告国民收入和生产统计的框架。它包含了企业、住户和私人非营利机构、一般政府的生产账户、支出账户、资本调节账户及对外交易账户的基本结构。SNA 经过发展和修订,于 1968 年公布了新版核算体系,SNA1968 正式纳入了投入产出核算、资金流量核算、国际收支核算,同时也对资产负债核算作了试

验性的规定,初步形成了一个包括五大核算体系的内容较为完整的新体系,基本完成了核算框架的构建。由于 SNA1968 对应用性重视不够,国际五大组织在 1993 年更新和修订了 SNA,形成 SNA1993,体现了更新、澄清、简化和协调一致的特点,将通货膨胀的突出、政治作用的转变、服务业的发展、金融业的复杂化、环境与经济交互作用的强化等新出现的经济现象和形式予以考虑,同时将资产负债核算纳入国民经济核算体系中,标志着 SNA 进入成熟期。SNA2008 承袭了 SNA1993 的基本理论框架,但对经济中出现的一些重要的现象进行了处理,并对很多问题的核算原则作出了澄清,使得 SNA2008 更能适应新的经济环境、方法研究的进展和用户的需求。

SNA 测度经济中各主体之间出于各种目的所发生的一切交易,不仅反映一段时间内发生的经济活动的有关信息,还提供某一时点上的经济情况,如经济体的资产、负债等。

## (二) 国民账户体系与政府资产负债核算

SNA 以社会再生产为主线,核算国民经济整体运行状况。国民经济的运行,从生产环节开始,生产产品的同时也创造价值收入,收入通过生产要素市场进行初始分配和再分配进入消费环节,消费部门把其中一部分收入用于消费品市场的交换,直接进入生产环节,使生产消费品部门得到价值补偿,剩余收入形成储蓄,通过金融市场流向投资部门,投资部门通过把这些资金用于生产资料市场的交换进行投资,流回生产环节,使生产部门生产的投资品得到价值补偿,这样实现了经济运行的大循环。SNA 正是核算经济循环中生产、收入、分配、使用的总量。

经济运行通过生产、分配、消费、积累等当期经济流量活动,形成期末的资产负债存量,资产负债的增减变化反映在这一时期内一切生产、收入与消费、储蓄与投资以及贷出与借入的积累变化过程。从整个社会再生产来看,资产负债存量核算反映了社会再生产的基本条件——物力和财力的核算,期初的资产存量是国民经济运行的先决条件和起点,期末资产存量是国民经济运行的结果,同时又是下一期社会再生产的起点。SNA 通过资产负债核算,使得国民经济总体的资产、负债、净资产的总量、结构和变动情况更加清晰。在 SNA 核算体系中,政府部门被视为五大机构部门中的一个重要机构部门。

## 二、政府财政统计核算与政府资产负债核算

### (一) 政府财政统计核算体系

政府通过财政收支来管理和调控国家,政府财政统计核算体系(System of Government Finance Statistics, GFS)是一套描述政府通过财政收支管理经济活动的统计方法体系。具体来说,GFS 是以履行一定的政治、经济和社会管理等职能的政府为对象,按照一定的国际统计标准和科学分类方法,对反映政府各项业务活动的全部资金收支等流量和资产、负债等存量资料进行收集、整理、汇总分析的统计工作。

约瑟夫·贝洛捷默在 1963 年出版了《公共财政国际比较问题》一书,从理论上阐述了政府财政统计等的若干问题,被视为最早研究政府财政统计核算体系的理论著作。美国商务普查局 1971 年编制了《政府财政分类手册》,为政府财政收支科学分类奠定了基础。Jonathan Levin(1972)提出了政府财政收支统计核算的原理、原则和方法,是政府财政统计核算体系建立之前的奠基之作。1974 年,国际货币基金组织(IMF)制定了《政府财政统计手册(草稿)》,详细阐述了政府财政统计

的理论、原则、方法、分类和分析框架,标志着 GFS 作为一个独立的核算体系建立起来。1985 年,IMF 对 GFS 草稿进行修订,于 1986 年颁布新版操作手册,并在政府范围界定、账户设计、交易分类和项目设置上进行更新,使之更加全面和科学。为了和 SNA 实现衔接,IMF 在 GFS1986 的基础上制定了 GFS2001,在核算范围、收入支出确认基础、记账规则、分析框架和指标分类等方面做了全面的修订和完善,并将政府部门的资产、负债和净资产等存量指标纳入核算体系,形成了集流量核算和存量核算于一体的整体性框架。SNA2008 颁布以后,IMF 为适应经济新现象、新形式和 SNA2008,制定 GFS2014,在 GFS2001 的基础上,对概念与分类、分析框架、经济事件的记录时间问题、财政收支统计、存量与流量处理问题进行了修订,也提升了与其他国际统计标准的一致性。

政府财政统计核算体系以宏观经济理论为理论基础,在现代财政理论中,政府同企业、居民一样,成为市场经济重要主体之一。政府在市场经济体制中的职能和经济行为是现代财政学的研究对象,宏观经济理论和现代财政理论的发展推动着政府财政统计核算体系的形成和发展。

（二）政府财政统计核算体系与政府资产负债核算

政府财政统计核算体系通过财政统计数据反映政府参与经济的广度和深度。在现代财政理论中,政府作为市场主体之一参与到市场经济,不但行使政府管理职能,还参与社会生产,提供公共产品和服务。政府在从事经济活动时,会产生各类收入与支出,同时在运营过程中,会发生非金融资产的获得和处置。当发生财政收支不平衡时,会通过融资和借贷活动从事生产运营。这些政府运营活动形成的经济流量,都会对政府核算期内期末资产、负债和净资产的存量指标产生影响。

经济流量是一定时期内所有经济活动变化的价值数量,包括交易活动(生产、交换、分配和消费等)以及非交易活动(物量和物价)形成的价值。经济存量是前期经济流量的积累。政府资产负债核算是核算政府在某一时点上政府资产、负责和净资产的价值数量,是经济存量核算。GFS正是通过"期初存量—(核算期内政府交易活动形成的流量+非交易活动引起的流量)—期末存量"的核算思路核算政府资产负债。政府交易活动形成的流量包括财政收支运营活动、非金融资产交易、金融借贷活动等,非交易活动指价格变化导致的持有收益和物量变化导致的资产数量的其他变化。通过期初政府资产负债存量,结合核算期间内政府活动引起的流量,最终得到期末政府资产负债。

## 三、政府会计核算和公共部门会计核算

### (一)政府会计核算

政府会计核算体系是指以政府机关为会计核算主体,建立完善的符合政府核算业务的会计机构、会计核算方法和会计核算流程,用于确认、计量、记录政府管理公共事务、国家资源、国有资产的情况,对外报告政府预算执行情况、执行效果和受托责任履行情况的报告系统。政府会计的基本目标以反映政府受托责任的履行情况为主,最终落脚点在于信息的公开化、透明化。政府会计内容包括政府会计准则体系、政府会计制度体系和政府财务报告制度。其中,政府财务报告制度反映财政预算执行和政府单位的财务活动及财务状况,综合披露政府及政府单位的资产、负债和净资产的真实信息。政府会计系统通过核算与披露政府资产、负债与净资产等相关信息,为公众及相关群体全面理解

政府可控资产总量与构成以及负债、承诺以及应承担的社会义务的规模与结构等提供至关重要的基础性数据,据以正确评价政府的履责能力与持续性,提高财政透明度。

### (二)公共部门会计核算

公共部门会计核算是在新公共管理运动兴起的背景下产生,政府会计通常被视为公共预算体系的附属物,基于收付实现制,侧重于核算公共预算资金的收支。新公共管理运动强调政府应当承担起主要由成果和产出衡量的财政绩效的受托责任。国际会计师联合会于 1986 年成立公共部门委员会,负责制定发布《国际公共部门会计准则》(IPSAS),国际公共会计准则适用于一切公共部门,包括政府部门及其组织机构。公共部门会计准则的基本框架包括财务报告目标、会计核算基础、会计要素定义、分类、确认和计量以及财务报表等。其中,财务报告目标指提供有助于广大使用者对资源分配做出决策和评价决策的有关主体财务状况、业绩和现金量信息,还反映主体对受托资源的受托责任。财务报表提供有关主体资产、负债、净资产、收入、费用和现金流的信息。

公共部门会计核算是在政府会计核算的基础上延伸,突出政府的公共责任,强调政府的绩效管理,具体表现为权责发生制与公共部门突出公众利益的特征。权责发生制有利于财政支出管理、正确计量政府活动的产出和成本等,公共部门是以公众利益核心,明确公共部门范围有利于评估政府的受托责任。在国际公共部门会计准则的指导下,我国政府会计核算正在改革,建立权责发生制的政府综合财务报告。权者发生制的政府财务报告或报表为编制宏观的政府资产负债表提供微观数据基础。

# 第三节　政府资产负债表与相关学科的关系

学术界中有学者将政府资产负债表归属于会计学或统计学,有学者认为它属于财政学或是公共管理学,还有学者将其归为交叉学科或综合学科。在研究政府资产负债表编制理论之前,我们必须探究政府资产负债表与会计学、统计学、财政学和公共管理学等相关学科间的关系,只有明确政府资产负债表与相关学科间的关系,才能建立编制政府资产负债表的学科环境,形成政府资产负债表的理论框架,进而准确界定政府资产负债表的基本概念、范围等,有利于政府资产负债核算结果的准确性、全面性。因此,本节将对政府资产负债表与相关学科的关系进行讨论。

## 一、政府资产负债表与相关学科的关系分析

### (一) 政府资产负债表与会计学

资产负债表来源于会计学科,在企业会计中,它反映企业在某一特定日期(如月末、季末、年末)全部资产、负债和所有者权益情况的会计报表,是企业经营活动的静态体现,根据"资产＝负债+所有者权益"这一平衡公式编制而成,表明权益在某一特定日期所拥有或控制的经济资源、所承担的现有义务和所有者对净资产的要求权。在政府会计中,政府资产负债表是反映政府在某一时点的资产、负债的总量和结构状况,因而政府资产负债表与会计学有很强的联系。首先,关于记账原则,政府资产负债表核算以复式记账为基础,按照权责发生制来记录交易的时间(杜金富,2014),复式记账和权责发生制是会计学的基础。

其次,会计主体、货币计量、持续经营、会计分期四大假设都适用于政府和非营利组织会计;在界定政府资产负债的分类时,采用《企业会计准则》作为依据,借鉴了会计学中资产、负债等概念的定义方式(曹伟,2015)。政府资产负债表属于政府会计范畴的内容,而不属于国民经济核算的内容。同时,将政府资产负债表视为会计报表体系中最主要的一张报表,提出需要尽快推进政府会计改革,建立政府会计准则(林忠华,2014)。2015年财政部颁布的会计基本准则提出政府会计系统将实行"双体系"制度,一个是财务会计以权责发生制为基础,一个是预算会计以收付实现制为基础。关于可以看出,上述研究倾向于将政府资产负债表归于会计学科。

归纳众多学者的研究成果,我们可以做出如下阐述:

1. 从会计的基本假设角度讲,政府资产负债表与会计学有很大共通之处。会计基本假设之一就是货币计量,利用通用的货币计量单位进行全部的计量活动,计量结果可以相加、相减、相乘、相除以及数据之间的汇总、合并和轧差,从而得到会计报告,并能够对其做进一步的分析。同时会计学另外三种假设:会计主体、持续经营和会计分期在政府财务报告中均有所体现(曹伟,2015),政府资产负债表在计量单位方面根本上采用了货币计量单位,对一国的经济资产及负债的规模进行计量,可以全面准确衡量中央政府或地方政府的债务规模,摸清楚其资产是否能够偿还起其债务,从而做到债务预警和防范风险,提高政府的可持续运营能力。对于投资者、债权人以及公众,他们可以通过政府资产负债表了解"国家财富"的资产与负债的结构、比例、期限,实现政府财务信息透明化。从这一角度看,政府资产负债表与会计学的核心是一致的。

2. 从会计的职能来看,会计有两大基本职能,一是会计核算职能,是其最基本的职能,另一个是会计的监督职能,前者是通过确认、计量、记录、报告,从数量上反映企业、行政事业等单位已经发生或完成的经济活动,为经营管理提供经济信息的功能。后者是指会计按照一定的目的和要求,利用会计核算所提供的经济信息,对各企业、行政事业等单位的经济活动进行控制,使之达到预期目标的功能。政府资产负债表需要借助于会计学核算和监督职能,确认政府的"家底",摸清债务,全面衡量政府所掌握资源的规模,对各级地方政府的举债规模实施监督,从微观层面和宏观层面给予政策制定者决策依据。

3. 从会计研究对象角度看,会计学所研究的对象是企事业单位在日常经营活动或业务活动中所表现出的资金运动情况,是一个人、一群人或一个企业与组织的有价值的财物及其变动(葛家澍、高军,2013),它针对于微观主体,研究微观主体的资金运动情况,而政府资产负债表不仅研究行政单位的资产负债情况,评估运行成本;还研究包括国有企业在内的公共部门资产负债情况,核算政府控制的资源规模,衡量公共部门债务风险。

但是,政府资产负债表与会计学又有不同之处,从最终目标看,不论是决策有用论还是信息反馈论,会计上关注的是资产运行效益问题,政府资产负债表不仅关注政府"家底",还关注资源配置问题,如政府与市场之间、机构部门之间等资源配置;从会计主体看,政府资产负债表的主体包含行政事业单位、非营利性机构、国有企业等,与之相对应的是行政单位会计准则、事业单位会计准则、非营利性机构单位会计准则和企业会计准则,单纯从会计角度出发,无法形成统一的核算方法、标准等;从数据来源看,会计主体数据来源于历史交易并通过原始凭证记录,而政府资产负债表中部分非交易项目如自然资源,无法通过会计记录体现。

总之,政府资产负债表有根植于会计学的部分,也有属于自己独立的部分,不能简单地将政府资产负债表归属于会计学科,它只是会计学科的一种学科维度。

### (二) 政府资产负债表与统计学

国家统计局在 20 世纪 80 年代就开始研究中国国家资产负债核算,1992 年,国家统计局把资产负债核算正式纳入《中国国民经济核算体系(试行方案)》,1997 年,中国国家统计局依据新国民经济核算体系编印《中国资产负债表编制方法》。2012 年以来,国内学者运用国民经济核算框架理论对政府资产负债表展开研究(李扬,2012;杜金富,2015)。2013 年 12 月,国家统计局组织国内相关部门、高等院校、科研机构等专家讨论国家资产负债表的编制方法。向书坚等(2015)从编制自然资源资产负债表的视角,对自然资产范畴的规范性进行了研究。可以看出,在政府资产负债表编制过程中作出巨大贡献的机构和团队都是从事统计工作的研究人员。同时,英国、加拿大和澳大利亚等国家的政府资产负债表编制主要由该国的统计局牵头完成,总之,国家统计局和部分学者认为政府资产负债是国民经济核算体系的一部分,将政府资产负债表划归于统计学科。

统计学作为一门具有方法论特点的综合性学科,无论是数理统计,还是社会经济统计,它研究的对象都是从各种复杂的不同质的现象和系统中抽取出来的统一的数量信息(朱建平、范霄文、何琳,1999),主要研究数据的获取、处理、显示、识别、利用和规律性等方面。从依附载体方面看,统计学和政府资产负债表都利用了事物的数据信息,借助于数据信息这一载体,统计学揭示事物之间蕴含的规律,并对未来进行预测,而政府资产负债表通过表式将数据呈现出来,然后通过相关指标来核算一国的资源规模和负债规模,从而指导宏观经济决策;从实现的成果看,统计学在发展的过程中,就实现了通过其健全的信息网络系统,敏捷地为社会经济宏、微观决策提供内涵丰富的统计信息,而编制政府资产负债表的功能之一就是为经济运行分析提供基础数据,提高宏观经济决策和管理的科学性;从数据处理角度看,政府资产负债表在进行数据处理的过程中,会借助于统计学处理数据的方法。例如,当某些项目的资产或负债价值存在数据缺失情况时,相关研究者会在搜集和整理数据过程中利用统计推断和估算类的方法。

然而,政府资产负债表与统计学在一些方面存在差异,从研究对象看,统计学是研究总体现象数量上的规律性的兼具实质性特征的方法论科学(杨灿,1993)。它主要提供调查搜集数据、整理数据和分析数据的基本理论和方法(王云峰,2014),而编制政府资产负债表的目的是核算某一特定时点公共部门所拥有的资产和负债规模;从方法论角度讲,统计学作为一门综合性的方法论学科,它着重于数据分析,方法论是其特有属性,它以方法论与其他学科区分开来。然而,政府资产负债表利用简单的数学关系等式即可以实现编制的目的,对方法论并没有极其严格的要求;从所要实现的目标角度看,统计学是为决策主体无论是微观主体还是宏观主体提供丰富的统计信息,同时为国民经济提供预警和监测信息,而政府资产负债表不仅要实现为宏观经济决策和管理提供基础数据,对一国债务进行预警研究,同时还要求检测政府部门运行,反映经济发展过程中存在的结构性问题,从而促进财税体制的改革和政府职能的转变。

综上所述,虽然政府资产负债表在研究载体、数据处理以及研究成果方面与统计学有极强的联系,但是我们仍然不能将其简单地划归为统计学科,因为政府资产负债表在研究对象、方法论和实现目标上表现出了特有属性。政府资产负债表有利用统计学科的部分,它也有明显不同于统计学科的成分。因此,统计学科是政府资产负债表的一个上位学科。

### (三) 政府资产负债表与财政学

财政学是介于经济学、政治学、公共管理学等多个学科之间的一门学科,财政学科的体系框架拥有经济学和管理学两大学科领域,它具有经济、政治双重属性,从经济的范畴讲,它研究的是政府的经济行为或政府的经济活动,将研究社会资源配置作为中心问题;从政治范畴上讲,它研究的是国家或政府的职能问题(高培勇,2003)。政府资产负债表可以全面衡量政府掌控资源的规模,通过探索政府资产负债的量化衡量框架和标准,理清政府与市场之间的关系,政府资产负债表所反映出来的政府职能主要有,向社会提供公共产品和服务,并利用税收和其他强制性转移在资金上予以支持;从事非市场性生产,并通过转移支付对收入和财富进行再分配。

从研究主体看,现代财政学的研究对象是公共部门的经济活动或政府部门的经济活动,政府资产负债表研究的主体对象也是公共部门,包括广义政府部门和政府控制的公司,可以看出两者在研究的主体对象上基本是一致的;从研究的中心问题看,财政学科研究的对象主要是围绕政府部门如何进行科学理财而展开的,它所关心的中心问题是社会资源在公共部门和私人部门之间、公共物品和私人物品之间以及各种公共物品之间的最佳配置情况(李小萍,2008),编制政府资产负债表的功能之一就是反映政府向社会提供公共产品或服务的能力,政府所掌握的资源在社会的配置状况,解决资源配置过程中是政府主导还是市场主导的问题;从定义政府职能的角度看,财政学认为政府的职能主要表现在满足社会公共需要,在市场失灵的情况下向社会提供公共物品或服务。而编制政府资产负债表的理论基础正是借鉴了政府的这一职能,通过表中的数据可以达到揭示政府与市场之间的关系的目的。

虽然政府资产负债表与财政学科在研究主体、研究问题和政府职能方面有相似之处,但是,它们在研究内容和研究对象上表现出了差异性。从研究内容看,财政学研究侧重于揭示和分析财政运行规律、运行机制、管理机制的构造和操作,而政府资产负债表侧重于通过表式反映某一时点上公共部门所拥有的财力、物力的历史积累和与之相对应的债权债务关系,反映中央政府和各级地方政府的资产负债总规模及结构、经济实力和发展水平;从研究对象看,财政学研究的对象不仅涉及经济学范畴,还涉及政治学范畴,从经济学范畴讲,它研究政府财政收支活动,即政府参与资源分配的活动,从政治学范畴讲,它还涵盖了财政收支治理制度,而政府资产负债表不仅核算政府的收支活动中形成的资产和负债存量与流量的问题,还核算非金融资产的存量及流量信息,例如,自然资源和培育性资产。

从以上分析,本书认为政府资产负债表在研究主体的选择、研究问题以及政府职能方面都借鉴了财政学的相关理论,但是在研究内容和研究对象上,它与财政学有很大不同,因此不能简单地认为政府资产负债表属于财政学,政府资产负债表只是财政学的一个学科维度。

（四）政府资产负债表与公共管理学

公共管理学,是运用管理学、政治学、经济学等多学科理论与方法专门研究公共组织,尤其是政府组织的管理活动及其规律的学科群体系,是政府资产负债表的上位学科。我国政府统计工作者之所以要编制国家和地方政府资产负债表,就是要摸清政府的"家底",核算公共部门拥有的资产和负债,以满足政府管理者全面了解政府债务规模、债务结构和债务风险的需求,加强对于未来风险防范的管理,从而实现我国经济的可持续发展。按照新公共管理模式,政府财务报告必须披露政府的全部资产和负债,包括或有负债,反映政府的绩效和受托责任(贝洪俊,2005),还要揭示财务管理制度、内部控制制度、信息披露制度、财政风险预警和防范机制在内的政府管理能力在化解财政风险中扮演着的重要角色。张国生(2006)认为,建立一套科学、合理的行政事业资产管理信息系统,并将标准化管理理念、管理制度固化为数字化的管理程序,是行政事业资产配置标准化工作贯彻落实、提质提效的内在需求。刘兴云、李森(2014)和林忠华(2014)从财政管理的目标出发,提出要建立权责发生制的政府综合财务报告制度。

从研究主体和对象上看,公共管理学研究的主体是公共管理者,主要包括以政府为核心的公共组织,对象是公共资源,目标在于提供高效率、高质量和低成本的公共服务;政府资产负债表研究的主体和客体,主体是政府部门,包括行政事业单位、非营利机构和国有企业,客体是政府拥有的资产和负债,政府资产的功能主要围绕行政管理和公共服务展开。从政府资产负债表的主体和客体这个角度看,公共管理学研究的主体和对象与政府资产负债表的主体和客体接近。

从研究目标来看,公共管理学应集中探讨公共组织所提供的公共服务的内容,研究公共组织以什么样的方式和通过什么途径去提供公共服务才能维护、保障和扩大公共利益(张康之、李传军,2010),而政府资产负债表实现的目标之一反映政府运行的效率,提供能够显示政府参与经济管理、生产公共产品广度和深度的信息,为宏观经济决策提供依据。

总的来说,政府资产负债表与公共管理学的目标不谋而合,是公共管理学的一个学科维度。

## 二、政府资产负债表与相关学科的关系判定

政府会计是基本会计学在政府组织中的应用,可以基本看作是会计学和财政学、行政管理学等学科的交叉学科(曹伟,2015)。国民经济核算又是由会计学、统计学、经济学、国民经管理学等学科相交叉形成的。

前文分别讨论了政府资产负债表与会计学、统计学、财政学和公共管理学等之间的共通性,也分析了其与这些学科之间的差异性。综上分析,笔者认为,政府资产负债表是体现了多学科融合的属性,它并不完全简单地属于会计学、统计学、财政学和公共管理学学科,而是处于会计学、统计学、财政学和公共管理学等诸多学科交叉地带,同时,又有自有属性。

### (一) 交叉与独立的关系

政府资产负债表的形成过程很大程度上借鉴了统计学、会计学、财政学和公共管理学科的理论知识,某些概念界定、核算原则和核算方法与这些学科有重叠之处,但是,政府资产负债表作为宏观资产负债表,它的理论、编制方法和目标都有其独立的一面。就其交叉性而言,政府资产负债表依靠多学科交叉的跨学科理论知识发展起来,它并不是统计学、会计学、财政学和公共管理学的简单相加,而是这些学科的有机耦合;就其独立性而言,政府资产负债表拥有着独立的研究对象、独立的划分资产负债的方法和一整套自成体系的研究框架。从政府资产负债表学科的长远利益考量,我们应该更加重视其独立性的发展,不断完善其机构类型的划分、资产负债界定方式以及合理的核算方法,将过去

我们并未考量的资产纳入框架,以防止政府资产低估的现象发生。

（二）凸显重要性

政府资产负债表处在统计学、会计学、财政学和公共管理学等学科的边缘地带,但通过编制政府资产负债表,能够核算政府资产、负债的情况,反映政府运行效率,评估政府绩效,全面衡量政府的债务风险,反映政府提供公共产品能力的广度和深度等,因而,编制政府资产负债表对于一国政府和经济的可持续发展是极其必要的。

（三）理论与应用并存

理论性和应用型并存的特点在政府资产负债表中表现得尤为明显,政府资产负债表从历史中走来,其依据的基础理论、历史经验、基本原理和一些特定的学术术语与其他学科都有着深厚的理论渊源,它在其强有力的理论基础上展现出独特的应用性价值,例如它能利用其独特的数据搜集和数据分析方法、指标评价方法去衡量一国的"全部财富"以及债务风险,反映政府的运行效率和财政的稳健性。

政府资产负债表还具有一些独特的特点,例如继承发展性和政策性。政府资产负债表在继承统计学、会计学、财政学和公共管理学科的理论基础上,不断总结新成果,提出新发现,并随着国民账户体系(SNA)版本不断升级,丰富、补充、完善、创新和发展自己的框架体系,做到与时俱进。同时,政府资产负债表的功能之一就是反映政府运行效率,推动政府职能转变,指导政府进行宏观经济决策,理清政府与市场的关系以及各个机构之间的关系。因此,政府资产负债表的编制必须要符合特定的社会制度和相应的政策法规,达到科学性与政策性并举。

综上所述,政府资产负债表的发展和完善是建立在相关学科理论知识相互渗透、相互糅合和相互借鉴的基础上，不能简单地将其归属于某一类学科，否则会导致不能全面、深刻认识政府资产负债表。政府资产负债表是体现了多学科领域融合，它主要处于统计学、会计学、财政学和公共管理学等诸多学科交叉、边缘地带，具有较强的理论性和应用性特征。

# 本 章 小 结

政府资产负债表的编制理论基础包括社会再生产理论、公共受托责任、公共财政理论等，核算原理涉及国民经济核算、政府财政统计核算和政府会计核算，同时，与政府资产负债表相关的学科包括会计学、统计学、财政学、公共管理学等。本章从理论基础、核算原理、学科属性定位三个方面进行阐述，理论基础的梳理为编制政府资产负债表起理论指导作用，核算原理起方法指导作用，学科属性定位为编制政府资产负债表提供学科环境。笔者认为，编制政府资产负债表，需要将社会再生产理论、公共受托责任、公共财政理论结合起来，根据政府在经济活动中的不同作用，运用与其作用一致的核算方法，采用多学科融合方法，才有利于编制政府资产负债表。

# 第二章　政府资产负债表中核算主体范围界定

政府资产负债表作为一种表式,有主词和宾词之分。其中,主词是指政府资产负债表的核算主体。核算主体是政府资产负债核算的核心概念,是进行政府资产负债核算的基础。政府作为政府资产负债表的核算主体,其范围的确定对编制政府资产负债表、实现预期目标具有至关重要的作用。本章将对政府资产负债表中核算主体范围,即政府范围的界定展开研究。

## 第一节　政府相关概念阐述

### 一、政府的起源和定义

编制政府资产负债表,首先需要明晰政府资产负债表的核算主体,也即政府的定义、范围。政府不是生而有之,关于政府的起源,西方政治学界流行着两种论断:人性需求论和社会契约论。人性需求论以亚里士多德和霍布斯为代表,亚里士多德在《政治学》中提到,城邦是社会团体中追求善业最高且包含最广泛,其产生是出于人类生活的发展。

霍布斯认为人性是趋利避害的,在其受到威胁时,需要强有力的保护者延续生命和利益。亚里士多德的"城邦"反映的是一种相互合作的社会关系,霍布斯则强调政府源于人性需求追求、寻求保护的结果,充当保护者。社会契约论则是以洛克和卢梭为代表。洛克认为,最初的人类处于自然的状态,自由、平等、拥有财产是人们的自然权利,出于保护财产和各种权利的需要,人们需要订立契约组成社会,社会的出现便成了国家或政府的起源。洛克的观点实质是在人性需求论的基础上发展的,但他更侧重主张政府的目的是保护私人的财产。从经济学角度看,古典经济学派认为政府是市场经济的"守夜人",20 世纪 30 年代的美国经济大萧条,以凯恩斯为代表的凯恩斯学派兴起,政府被当作影响经济的内生变量受到重视,人们开始关注政府失灵的问题。由于"搭便车"、外部性等问题,在公共选择理论看来,政府是公共品的最佳供给者,相比个人,政府能够更有效地供给公共品。经济学从"理性经济人"假设出发,它证明了政府是人类不断追求利益最大化实现帕累托改进的长期演进的结果。人类从形成合作中获得利益,这是在单独行动中无法得到的,这种合作便是政府组织形式。因而,从政治学角度来看,政府是为了满足人们的集体需要而出现的社会组织形式;从经济学角度看,政府着眼点在于公共利益,而私人从中获取利益。二者呈现的一个共同特点是政府起源的公共性。

关于"政府是什么",有很多种说法:第一种是泛指国家政权机关;第二种是指国家行政机关;第三种将政府划分为狭义和广义政府,狭义政府指国家行政机关,广义政府指包括行政、立法、司法在内的所有国家权力机关;还有从最广泛的角度来界定政府的,认为只要行使社会公共权力的机构就是政府;等等。根据政府的起源,从社会共同体意义上讲,政府是由社会共同体成员——居民的代表组成的,代表国家对社会共同体进行管理;从政治上看,政府代表国家,对内进行管理,对外行使主权权力;从经济的角度看,政府是公共服务的供给者。因此,政府是国家的社会管理者,是代表国家行使管理和公共服务职能的组织。

## 二、政府与国家、政府与企业的关系

从政府的定义可以看出,政府不等于国家,政府和国家之间存在委托代理关系。从政治上讲,根据马克思对国家的定义,国家是一个阶级统治另一个阶级的工具,其本质是阶级性,政府正是国家管理的代理机构。从地域范畴上讲,国家是一个总体概念,范围更广泛,政府只是其中的一个经济体,是国家的重要组成部分。因此,国家具有双重含义,既是一个政治范畴,又是一个地域范畴,在政治范畴上,政府是国家的代理机构,在地域范畴上,政府是国家多个主体之一。然而,政府与国家又有不同,政府是国家的构成要素,但不是国家的全部,只是其中的一个主体,同时,政府行使的权力来源于国家授予,但并不是国家主权。因此,国家资产负债表与政府资产负债表的不同主要体现在主体范围不同,国家资产负债表中主体为一国内所有经济主体,而政府资产负债表中政府仅是国家多个主体的一个或多个。

市场经济中,企业是重要的生产者,生产生产资料和生活资料,而政府作为管理者,主要维护市场秩序,提供稳定的环境,同时,为弥补市场机制的不足,也参与或组织生产,政府与企业是管理与被管理的关系。从经营本质上讲,企业经营追求的是私人利益,希望实现利润最大化,而政府追求的是公共利益,代表和维护公众的利益,二者的经营本质不一样。作为国民经济重要的部门,政府与企业都发挥着重要的作用。

### 三、政府功能定位

政府作为国民经济运行主体之一,不仅充当管理者,还是重要的生产者,具体来讲:

1.作为公共管理者。政府从社会团体中凸显出来,作为一个强有力的保护者,对私人财产等进行保护,突出了其公共管理者特征。古典经济学派认为政府是市场经济的"守夜人",维护市场秩序,保证国防安全、国内稳定,起着市场管理者的作用。

2.作为公共服务提供者。由于市场失灵、外部性等原因,私人部门不能有效地提供公共产品,需要由政府来供给。公共选择理论认为,政府存在的合理性主要表现在政府能够较个人更有效地提供公共物品的功能上。作为公共权力机构,它能解决公共物品的生产成本的分摊问题,实现公众的共同利益。在生产公共产品方面,政府通过直接进入生产领域进行生产,或者组织生产,为生产提供必要的资金。

除了公共管理者、公共服务生产者的角色外,政府还充当其他角色,如投资者、资源代管者等,投资者主要负责国有资产的保值增值,资源代管者是加强国有资源(如自然资源等)的使用和管理。不同的政府单位,对应着行使政府的不同职能。

## 第二节　政府范围界定的理论基础辨析

范围的界定与研究目的有关,不同研究目的导致界定的范围不同,政府资产负债表的研究目的决定了政府范围的界定。同时,政府资产负债表的编制涉及国际核算体系 SNA、GFS 和 IPSAS,它们都对政府资产负债表的编制进行阐述,但是否与当前编制政府资产负债表的目的存在内在一致性需要辨析。本节将对政府资产负债表的编制目的、国际核算体系 SNA、GFS 和 IPSAS 与政府资产负债表编制目的的一致性问题展开分析。

## 一、政府资产负债表的编制目的

政府资产负债表是借鉴企业资产负债表概念,反映政府在某一时点上所控制的资源状况,主体是政府。政府关注的是公共利益,与企业利润最大化的经济利益目标不一致,因而编制政府资产负债表的目的必然不同于企业资产负债表,因而,在编制政府资产负债表时,应该突出政府这一主体的特性。编制政府资产负债表为了达到以下目的:

1. 明晰政府的"家底"。政府资产负债表反映的是政府在某一时点上资产、负债以及净资产的总量、结构等情况。通过政府资产负债表,可以分析政府的资产存量、负债情况,以及资产负债比例等。政府拥有的资产、净资产反映了政府的财富情况,政府可以利用资产进行宏观调控、提供公共服务等。

2. 评估政府财政运行效率,对政府进行绩效评价。政府通过征税、生产、补贴、购买、借款、负债等活动进行间接宏观经济管理,这些经济活动的资金来源是财政收支。财政收支流量形成的结果反映在政府资产、负债的变动上,可以通过政府资产、负债的变化评估政府财政运行效率,同时,政府资产负债的变化,反映了当期政府相关部门活动导致的资产和负债变化,避免唯 GDP 的绩效观,追求短期政绩却对长期发展带来负面影响的行为,从而对政府进行科学有效的评价。

3. 全面衡量政府的债务风险。政府不仅进行公共管理,还是公共服务的供给者。政府委托公共部门或公共企业,提供公共产品或公共服务,它们承担政府职能,政府对其进行管理或控制,甚至对其运营风险、债务等进行担保,全面核算政府和承担政府职能的公共机构或部门的资产、负债,一方面能够全面衡量政府的债务风险,另一方面也反映了政府提供公共服务的能力。

## 二、三种编制政府资产负债表的核算理论与启示

### （一）三种编制政府资产负债表的核算理论

关于政府资产负债表的编制主要涉及国际核算体系 SNA、GFS 和 IPSAS,三者都对政府资产负债表的编制进行了阐述,但是否与当前编制政府资产负债表的目的存在内在一致性需要讨论。

社会再生产理论反映了国民经济运行的客观规律,SNA 以社会再生产为主线,核算经济循环中生产、收入、分配、使用的总量以及经过社会再生产的环节形成的资产存量。基于社会再生产理论,使用 SNA 编制国民资产负债表(或国家资产负债表),一方面反映了一国的经济实力,另一方面也反映了该国进行扩大再生产的能力。在国民资产负债表中,政府部门只是作为五大机构部门中的一个机构部门,形成分部门的资产负债表——政府部门资产负债表。

GFS 是基于公共经济理论,专门核算政府的经济管理活动的体系。政府的经济管理活动资金主要来源于财政预算,还有基于政府信用的借贷资金等,通过对政府财政收与支统计核算,一方面可以了解政府通过收支活动进行运营的效果,另一方面,这些收支活动产生的经济流量,都会影响到政府的资产、负债和净资产,因而也可以了解政府的资产、负债以及净财富状况。

IPSAS 是关于公共部门的国际会计准则,其主要目标是提供有助于广大使用者对资源分配做出决策和评价的有关主体财务状况、业绩

以及现金流量的信息,还反映主体对受托资源的受托责任。公共部门的主体是政府部门。政府预算会计记录的是政府预算执行的过程和结果的信息,政府财务会计记录的则是反映政府政策、财务状况和管理业绩的信息。编制政府财务报告,一方面方便政府内部管理,了解政府的财务运营状况,另一方面起着信息反馈和监督的作用。

可以看出,不同的核算理论和体系,对应不同的政府资产负债表的目的,需要将政府资产负债表的编制目的和核算理论结合考虑。

（二）启示

对政府资产负债表的编制理论基础和国际准则进行综合分析,可以发现:

第一,从核算目的看,用任一核算体系编制政府资产负债表都不能完全实现编表目的。基于 SNA 编制国民资产负债表,主要着眼于整个国民经济运行情况,全面测算社会再生产的条件、过程以及运行结果,政府部门作为经济总体的机构部门之一,分部门政府资产负债表是国民资产负债表的附属品,它反映了政府部门的资产、负债及其结构变化等,具有统计功能。基于 GFS 编制政府资产负债表,主要目的是对政府资产负债核算,了解政府管理经济活动的绩效以及抵御经济风险的能力,进而监测和评估政府管理经济的效率。基于 IPSAS 编制的政府财务报告针对单个政府单位,一方面从运行成本和财务业绩出发,满足政府管理的需要,另一方面反映政府履行受托责任的情况。SNA 侧重社会再生产,GFS 侧重财政运行,IPSAS 侧重信息反馈和内部管理,单一的核算都不能实现编表目的。

第二,从核算内容来看,政府不同的活动内容需要不同核算体系进行核算。政府的活动主要分为行政管理和经济管理。政府行政管理主要是维持政府的正常运行和社会的稳定,经济管理主要是进行非市场生产和宏观经济管控。政府在进行行政管理和非市场生产时,既不通过政府本身资产的积累,也不通过生产获得盈利,而是凭借其地位,通过来源于税收或其他强制性转移等活动获取的资金进行,直接体现为政府的收入与开支活动。不间断的财政收入与开支形成了收支流量,在期初存量的基础上,不间断的收支流量又使期末存量达到新的水平,这些流量和存量反映了政府行政管理和非市场生产的结果,这与公共管理理论相符。当政府进行宏观经济管控时,会进入生产领域,从事着范围广泛的生产活动,对于这类单位,则应该选择社会再生产理论。

从编制目的上看,在结合社会再生产理论、公共经济理论和受托责任理论的基础上,综合 SNA、GFS 等国际核算体系和 IPSAS 国际准则,才能实现编制政府资产负债表的目的;从政府的活动属性上看,政府活动主要包含管理活动和经济活动,管理活动依赖于财政收支,核算此类活动需要基于公共经济或管理理论,而政府通过委托或者控制进入生产领域,核算此类活动需要基于社会再生产理论。因此,编制政府资产负债表应该根据政府的活动属性和编表目的来考虑编表的理论基础和核算体系。

# 第三节　政府范围的界定

科学地确定核算范围是任何统计核算的基本出发点。编制政府资产负债表,应该在编制理论基础、国际核算体系和国际准则的指导下,确定核算主体——政府的范围,即:什么是政府?政府范围划分的标准是什么?哪些机构属于政府?

## 一、国际核算体系中政府范围的比较和分析

国际核算体系 SNA、GFS 和 IPSAS 从政府的定义、政府的划分标准两个方面来界定政府范围,详见表 2-1。

**表 2-1　三种不同国际核算体系对政府范围的界定**

| | SNA | GFS | IPSAS |
|---|---|---|---|
| 政府的定义 | 从法律、政治和功能上,认为政府单位是一种独一无二的法律实体,它通过政治程序而设立,能在一给定区域内对其他机构单位行使立法、司法和行政方面的权力。作为机构单位,政府的主要功能是:承担向社会和个体住户供给货物和服务的责任,并通过税收和其他收入在资金上支持这种供给;通过转移的手段对收入和财产进行再分配;从事非市场性生产 | 从政府职能的方向来定义政府,执行政府职能的机构单位就应该是政府,不仅包括主要从事非市场活动的广义政府部门,还包括更为宽泛的准财政活动运行的公共公司,政府职能是通过机构单位具体活动来执行的,GFS 实际上是从机构单位的活动性质界定的 | 并未给出具体公共部门或者政府部门的定义,其中的公共部门相较于私人部门而言,代表着公共利益 |
| 划分标准 | 行使政府职能的常住机构单位组合 | (1)常住机构单位;(2)非市场生产;(3)政府政策控制 | 控制:主要指财务控制 |
| 划分范围 | 狭义政府包括:政府行政机构;广义政府包括狭义政府和政府单位控制下的非市场非营利机构,非金融公共公司和金融公共公司则分别被包含在非金融部门和金融部门 | 狭义政府包括:政府行政机构;广义政府包括狭义政府和政府单位控制下的非市场非营利机构;公共部门包括广义政府、非金融公共公司和金融公共公司 | 中央政府、地方政府和受政府控制的经济实体(如政府企业等) |

从表2-1可以看出：

1. 从对政府的定义来看，SNA从法律、政治和功能上分别来定义政府，葛守中（2000）认为不同国家的法律不同，使得各国对政府的定义相异，从政治上定义会模糊和淡化政府经济管理活动的规模和数量，因而需要从政府职能上进行界定。SNA认为政府的主要职能是承担向社会和个体住户供给货物和服务的责任，并通过税收和其他收入在资金上支持这种供给；通过转移的手段对收入和财产进行再分配；从事非市场性生产。GFS同样是从政府职能的方向来定义政府，政府不仅从事财政活动，还从事准财政活动。准财政活动是指主要从事货币或商业活动的非政府公共部门机构执行的财政活动，设立公共部门是用来服务于政府部门实行公共财政政策，GFS认为执行政府职能的机构单位就应该是政府，不仅包括主要从事非市场活动的广义政府部门，还包括更为宽泛的准财政活动运行的公共公司。IPSAS虽未给出具体对政府的定义，但其与私人相对应的公共部门，与公共管理理论中公共部门的内涵是相同的，都代表着公共利益。因此，GFS是专门进行政府财政统计的宏观核算体系，GFSM2001基本实现与SNA的对接和统一，其对政府的定义与SNA总体上是一致的，但GFS的外延更为广泛，包含准财政活动，原因在于公共公司也执行政府职能。从政府职能上来定义，政府是从事财政活动和准财政活动的常住机构单位的集合。

2. 从政府范围划分的标准看，SNA将经济实体按照其功能划分为五个相互独立的机构部门，其中政府部门是执行政府职能的机构单位；GFS对政府范围划分的标准有三条：（1）常住机构单位；（2）非市场生产；（3）政府政策控制。这三条标准需逐一鉴别。其中，常住机构单位是必备条件，常住性决定了政府控制的有效性，机构单位则便于GFS

中识别交易对象以及经济部门化。第二条标准为非市场生产,非市场生产者主要提供没有显著经济意义的产品或服务,即公共产品,因而GFS将这些非市场生产者划分到广义政府部门,可能为住户服务的非营利机构,还需进一步区分是否为政府控制。第三条标准主要针对市场生产者,若为政府控制的市场生产者,将其划分为公共公司,政府控制主要指有能力决定其公司政策。IPSAS对公共部门的划分标准为财务控制,包括控制权和利益相关两个因素,其主要目的是为了将相关利益方涵盖,方便编制政府财务报告。

SNA将政府职能作为划分标准实际上将非市场性作为判断依据,因为政府是通过提供公共产品和服务来履行政府职能,而公共产品和服务的显著特征是非市场性,即其价格不具有显著经济意义。但政府提供公共产品和服务,一部分是由政府自身提供的,如一般政府服务、义务教育、公费医疗等,还有一部分是政府作为生产者单位,通过设立公共公司来提供,如公共事业等,这一部分的产品和服务,是具有市场性的,但主要受到政府的政策控制,因此GFS中政府政策控制也是划分政府的重要标准。IPSAS与GFS的控制含义不一致,前者是财务控制,关注的经济利益,后者是政策控制,关注公共利益,更符合政府的角色。因此,GFS对政府范围划分依据更加全面。

3. 从政府范围划分看,通过对政府的定义和划分标准,将政府划分为三个层次:狭义政府、广义政府和公共部门。其中,狭义政府主要是指通过政治过程依法设立的行政、立法和司法等机构以及社会保障单位;广义政府不仅包含狭义政府,还包括受政府控制的非营利机构,这与SNA中广义政府部门范围是一致的;公共部门则包含广义政府和公共公司,其中公共公司分为公共非金融公司和公共金融公司,中央银行属于公共金融公司,具体分类见表2-2。

表 2-2 政府资产负债表

| | 全口径政府 | | | | | | |
| --- | --- | --- | --- | --- | --- | --- | --- |
| | 广义政府 | | | | 公共公司 | | |
| | 狭义政府 | | | 政府控制的 NPI | 非金融公共公司 | 金融公共公司 | |
| | 中央政府 | 地方政府 | 社会保障基金 | | | 货币金融公共公司（含央行） | 非货币金融公共公司 |
| 一、非金融资产 | | | | | | | |
| 二、金融资产 | | | | | | | |
| 三、负债 | | | | | | | |
| 四、净值 | | | | | | | |

## 二、我国政府资产负债表中政府范围界定

我国的政府组成比一般成熟市场经济国家更加复杂,因而对政府范围的划分,不仅要参考国际核算体系,还应考虑我国的具体实践,使得政府范围划分更符合我国实情。

### (一) 我国组织机构基本情况

根据职能和目的,可将我国组织机构主要划分为企业、机关单位、事业单位、社会团体和其他组织机构,见表 2-3。

表 2-3　中华人民共和国的组织机构类型

| 组织机构类型 | 具体构成及代码 |
|---|---|
| 企业 | 公司(11);非公司制企业法人(13);企业分支机构(15);个人独资企业、合伙企业(17);其他企业(19) |
| 机关 | 中国共产党(31);国家权力机关法人(32);国家行政机关法人(33);国家司法机关法人(34);政协组织(35);民主党派(36);人民解放军、武警部队(37);其他机关(39) |
| 事业单位 | 事业单位法人(310);事业单位分支、派出机构(330);其他事业单位(390) |
| 社会团体 | 社会团体法人(71);社会团体分支、代表机构(73);其他社会团体(79) |
| 其他组织机构 | 民办非企业单位(91);基金会(93);宗教活动场所(94);农村村民委员会(95);城市居民委员会(96);自定义区(97);其他未列明的组织机构(99) |

资料来源:蒋萍等:《国民经济核算理论与中国实践》,中国人民大学出版社 2012 年版,第712 页。

1. 企业一般是指以营利为目的,运用各种生产要素,向市场提供商品或服务,实行自主经营、自负盈亏、独立核算的法人。按登记注册类型,企业包括:内资企业、港澳台商投资企业和外商投资企业,其中,内资企业包括国有企业、集体企业、股份合作企业、联营企业、有限责任公司、股份有限公司、私营企业以及其他企业等。

2. 机关是指国家为行使其职能而设立的各种机构,是专司国家权力和国家管理职能的组织,包括各级权力机关、行政机关、审判机关、检察机关和军队中的各级机关、政协组织、民主党派,还包括政党机关。

3. 事业单位是指受国家行政机关领导,没有生产收入,所需经费由公共财政支出,不实行经济核算,主要提供教育、科技、文化、卫生等活动非物质生产和劳务服务的社会公共组织,事业单位接受政府领导,是表现形式为组织或机构的法人实体。包括：农林牧副渔和水利事业，地质普查和勘探事业，勘查、建筑设计事业，交通运输事业，房地产管理事业，公用事业和咨询服务事业，卫生、体育和社会福利事业，教育、文化艺术和广播电影电视事业，科学研究和综合技术服务事业以及其他事业。

4.社会团体是我国公民自愿组成的，为实现会员共同意愿，按照其章程开展活动的非营利社会组织，包括各种慈善组织、基金会、学会、协会、联合会和研究会等。

5.其他组织机构：包括城市居委会、村民委员会和宗教活动场所等。

从上述我国国民经济基本单位看，它与国际规范中机构单位和机构部门划分存在着一定的差异。企业与国际规范中的非金融企业、金融企业的范围大致相同，机关单位（除政党机关和社会团体）与国际规范中的狭义政府范围基本一致，而事业单位、社会团体在国际规范中不存在，国际规范中只有非营利机构，这两者实质上有一定的重合，基层居委会和村委会在国际规范中不存在。

（二）我国政府资产负债表中政府范围划分

针对我国组织机构的属性和功能，按照图 2-1 的政府划分逻辑作如下划分：

1.企业是以营利为目的市场生产者，在这些企业中，国有企业、集体企业以及股份制企业中受到政府控制的，都应该划分到公共公司中，根据其生产活动的属性，具体划分非金融公共企业和金融公共企业。

2.我国的各级权力机关、行政机关、审判机关、检察机关和军队中的各级机关划分到狭义政府，它们代替国家行使政府职能。中国共产

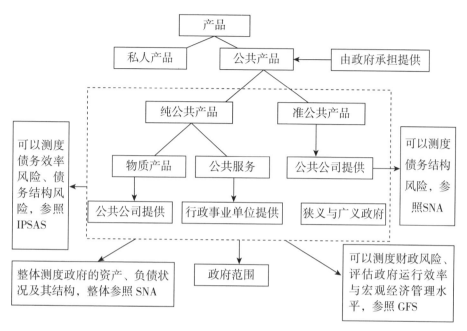

图 2-1　我国政府资产负债表中政府范围划分逻辑

党是执政党,宪法明文确定了共产党在国家事务中居于领导一切的地位。因此,从广义上讲,中国共产党的各级机关应纳入狭义政府的范围。社会保障基金是指由政府单位实施和控制的、覆盖全社会或社会大部分人群的社会保险计划。由于中国的社会保障计划与政府其他财政活动的联系相当紧密,因而直接将其划入狭义政府部门中,不单独列示。

3. 事业单位是经济社会发展中提供公益服务的主要载体,但其构成情况比较复杂。按照国务院关于分类推进事业单位改革的指导意见中提到的,将事业单位划分为三类:对承担行政职能的,逐步将其行政职能划归行政机构或转为行政机构;对从事生产经营活动的,逐步将其转为企业;对从事公益服务的,继续将其保留在事业单位序列、强化其公益属性,同时,又将从事公益服务的事业单位细分为两类:承担义务教育、基础性科研、公共文化、公共卫生及基层的基本医疗服务等基本公益服务,不能或不宜由市场配置资源的,划入公益一类;承担高等教育、非营利医疗等公益服务,可部分由市场配置资源的,划入公益二类。根据 GFS 政府范围划分的标准——非市场原则和政府控制原则——可以对事业单位进行划分,对于承担行政职能的机构,应该将其划分到狭义政府部门,属于政府行政部门;对于转为企业,从事市场生产的一部分事业单位,若是仍由政府控制,将其划分为公共公司,否则就是私人企业;公益一类事业单位完全符合非市场原则和政府控制原则,应将其划分到广义政府部门中的非营利机构;公益二类事业单位虽然提供公益服务,但其产品或服务的价格部分是由市场资源配置,不满足非市场性的原则,但满足政府控制的原则,因而将其划分为公共公司。

4. 社会团体包括特殊社团法人和一般社会团体。特殊社团法人是国家根据特定的目的或特定法律设立的,由中央机构编制部门直接管理的且免于登记的 22 个群众团体,包括中华全国总工会、中华全国妇女联合会、中国共青团等,它们在业务上受党中央和国务院直接领导,政府控制的程度较高,且有相当数额的财政拨款,在很大程度上执行着部分政府职能,符合非市场性和政府控制的原则,因而将其划分到广义政府中的受政府控制的非营利机构。对于一般社会团体,符合非市场的原则,但不受政府控制,可将其划分到为住户服务的非营利机构。

5. 其他机构组织中,城市居委会和农村村委会属于基层群众自治组织,主要为基层群众服务,可将其划分到为住户服务的非营利机构。

6. 中国人民银行是国务院组成部门,属于政府管理机构,在国务院的指导下,制定和执行货币政策,防范和化解金融风险,维护金融稳定,符合政府控制的原则,但中国人民银行作为"银行的银行",为商业银行的最后贷款人,存在着一定的市场性,因而将其划分到公共公司中的金融货币公司。

（三）我国政府资产负债表层次划分

根据政府的划分标准和我国实际的组织机构情况与属性分析,我国政府资产负债表中政府范围划分为三个层次,狭义政府、广义政府和公共部门,具体分别见表2-4到2-6。

表 2-4　我国狭义政府资产负债表

| | 权力机关 | 行政机关 | 司法机关 | 政党机关 | 人民解放军、武警部队 | 政协组织 | 民主党派 | 具有行政职能的事业单位 | 社会保障基金 |
|---|---|---|---|---|---|---|---|---|---|
| 一、非金融资产 | | | | | | | | | |
| 二、金融资产 | | | | | | | | | |
| 三、负债 | | | | | | | | | |
| 四、净值 | | | | | | | | | |

表 2-5　我国广义政府资产负债表

| | 狭义政府 | 公益一类事业单位 | 社会团体 | |
|---|---|---|---|---|
| | | | 特殊社团法人 | 一般社会团体（受政府控制） |
| 一、非金融资产 | | | | |
| 二、金融资产 | | | | |
| 三、负债 | | | | |
| 四、净值 | | | | |

表2-6 我国全口径政府资产负债表

| | 广义政府 | | 公共公司 | | | | |
|---|---|---|---|---|---|---|---|
| | 狭义政府 | 其他 | 企业型事业单位（受政府控制） | 公益二类事业单位 | 非金融公共公司 | 金融公共公司 | |
| | | | | | | 货币金融公共公司（含央行） | 非货币金融公共公司（不含央行） |
| 一、非金融资产 | | | | | | | |
| 二、金融资产 | | | | | | | |
| 三、负债 | | | | | | | |
| 四、净值 | | | | | | | |

将政府范围划分为狭义政府、广义政府和全口径政府，有以下用途：

（1）狭义政府主要包括通过政治程序设立的、在特定区域内对其他机构单位拥有立法权、司法权或行政权等的法律实体，它们都是由主预算账户覆盖，其收入和支出都是由财政部通过立法授权的一般预算来约束和控制。编制狭义政府资产负债表，可以反映政府运行效率，提高政府财政管理水平，提高政府的透明度，严格实行财政预算，便于群众监督。

（2）广义政府范围是在狭义政府范围基础上，增加了政府控制的非营利机构，这些政府控制的非营利机构在我国主要包含公益一类事业单位、特殊社团法人和受政府控制的一般社会团体法人，它们的共同特征体现为非市场生产者。作为非市场生产者的广义政府，编制广义政府资产负债表，可以核算其资产负债，理清政府与市场间关系，衡量政府控制的资源规模和数量,同时,还可以作为国家资产负债表的一部分,实现对接。

(3)公共部门主要包含广义政府部门和公共公司。作为准财政活动的执行者——公共公司,也在执行着政府职能,提供公共产品和服务,通过社会再生产理论和 SNA 对市场生产者的资产负债核算方法,结合广义政府资产负债核算,能够全面核算政府提供公共服务的能力,同时,政府作为公共公司的担保方,在我国主要表现为国有企业,承担着经营不善和破产的风险,因而也有助于全面衡量政府的债务风险。

### (四)国家资产负债表与政府资产负债表的关系

国家资产负债表是指一个国家所有的经济部门资产和负债通过资产负债表的方法形成的报表,完整的国家资产负债表包括政府、企业、居民、为住户服务的非营利机构和国外部门五个经济部门。国家资产负债表中政府资产负债子表中政府主体是国家经济部门之一,包括所有的中央政府、省级或地方政府单位,以及政府控制下的非市场非营利机构。本书中政府资产负债表中政府范围包括狭义政府、广义政府和全口径政府三种,其中,广义政府具体包括行使政府行政管理职能的政府单位以及政府控制的非营利机构、社会团体等,与国家资产负债表中政府资产负债子表政府主体范围一致,但全口径政府资产负债表将公共公司包含在内。因此,从国家资产负债表的角度看,国家资产负债表是基于 SNA 理论编制,政府资产负债表是国家资产负债表的一个子表,反映了行使行政管理职能政府单位的资产负债。但从公共利益的角度看,政府资产负债表与国家资产负债表既有联系,又有区别。广义政府资产负债表对应于国家资产负债表中政府资产负债子表,而全口径政府资产负债表中政府范围不仅包括广义政府,还包括金融公共公司和非金融公共公司,而在国家资产负债表中公共公司属于企业部门,但对于政府来说,公共公司受到政府控制,充当政府生产者的角色。因此,本书研究的政府资产负债表中政府是从公共利益出发,范围更加广泛,不仅考虑了国家政府资产负债表中政府资产负债子表,通过广义政府资产负债表与其对接,还将公共公司纳入政府范围,核算政府提供公共产品和服务的能力,全面衡量政府债务。

# 本 章 小 结

本章针对政府资产负债表编制的基本问题即核算主体的范围展开研究。在分析中,从比较编制政府资产负债表的理论基础入手,通过归纳总结,从编制目的上看,发现单纯依靠一种理论体系并不能完全实现编制政府资产负债表的目的,需要综合社会再生产理论、公共财政理论和公共受托责任理论;从核算主体活动属性上看,政府的行政管理和经济管理活动决定了政府资产负债表的编制理论基础由公共财政理论和社会再生产理论组成,基于受托责任的 IPSAS 编制的政府财务报告,记录了政府活动过程和结果的信息。政府资产负债表的理论基础决定资产负债核算理论,根据 GFS、SNA 和 IPSAS,能够确定政府资产负债表主体的范围,但由于三种国际核算体系的侧重点差异较大,进一步对政府的定义、划分标准和具体范围进行比较分析。从政府职能上来定义,政府是从事财政活动和准财政活动的常驻机构单位的集合。常住机构单位、非市场生产、政府政策控制是划分政府的标准,基于此,将政府划分为三个层次:狭义政府、广义政府和公共部门。编制我国政府资产负债表,需要从我国的实际情况出发,结合我国组织机构的活动属性和功能,确定我国政府资产负债表的范围,将行政单位、具有行政职能的事业单位归入狭义政府,在狭义政府范围的基础上,将公益一类事业单位、社会团体归入广义政府,全口径政府包括广义政府和公共公司,多层次政府范围划分有利于政府资产负债表编制目的实现。

# 第三章　政府资产负债表中
# 核算客体范围界定

在政府资产负债表中,宾词是核算项目,是指政府资产和政府负债。资产、负债是资产负债表的核心因素,政府资产、政府负债范围的确定是编制政府资产负债表的关键。本章将对政府资产、政府负债的定义、范围等进行界定。

## 第一节　政府资产负债表中资产范围界定

### 一、不同核算体系中资产定义比较分析

（一）不同核算体系中资产的定义

核算体系主要包含微观核算体系和宏观核算体系。微观核算体系中,企业会计准则对资产的定义:资产是指由企业过去经营交易或各项事项形成的,由企业拥有或控制的,预期会给企业带来经济利益的资源。该定义突出了企业资产的特征在于:预期给企业带来经济利益、强调拥有或控制、过去经营交易或事项形成、货币计量。政府会计准则定义的资产是指政府会计主体过去的经济业务或者事项形成的,由政府

会计主体控制的,预期能够产生服务潜力或者带来经济利益流入的经济资源。该资产的特点在于:产生服务潜力或经济利益、强调控制、经济业务或事项、经济资源。《国际公共部门会计准则》2008 版(IPSAS)将资产定义为:由于过去事项由主体控制的、预计将导致未来经济利益或服务潜能流入主体的资源。其资产特征为:未来经济利益或服务潜能、主体控制、过去事项。

宏观核算体系中,SNA2008 对资产的定义:资产是一种价值储备,反映经济所有者在一定时期内通过持有或者使用某实体所产生的一次性或者连续性的经济利益。该定义中资产的特点在于:经济所有者、持有或使用、价值储备。该账户体系中的资产是经济资产。GFS2001 定义资产为机构单位能够对其行使单个或集体所有权,通过一定时期的持有或者使用能够获得经济利益的资源。为了实现宏观核算体系间的对接,在 GFS2014 中直接采用了 SNA2008 对资产的定义。

## (二) 不同核算体系中对资产定义的比较与分析

微观核算体系对资产的定义,都强调受主体控制,并通过过去交易带来经济利益以及货币可计量性,不同点在于,企业会计准则中,资产的主体是企业,形成经济利益的流入对象仍是企业;政府会计准则中,资产的主体是政府,它不仅形成经济利益,还形成服务潜力,且流入对象不定,可能是政府、企业或者居民;公共部门会计准则中,资产的主体是公共部门,它也能够给主体带来经济利益和服务潜力。因此,微观核算体系中资产的定义与主体对象有关。企业是以营利为目的的,企业资产的核算是服务于经营管理,关注点在于经济利益,它们能够帮助企业实现利润最大化的目标。政府部门或者公共部门,它们的目标是服务于大众,提供公共产品或服务,因而给予资产服务潜力和经济利益的双重内涵,它们有助于实现提供公共服务的职能。

宏观核算体系中,GFS2001 与 SNA2008 对资产的定义有很大的相通性,都强调资产是经济资产,通过持有或使用形成经济利益,它是价值转移的载体。GFS2014 直接采用 SNA2008 对资产的定义。可以看出,宏观核算体系是从资源的效用和价值来定义资产。

微观核算体系和宏观核算体系对资产的定义有相通点,一是强调经济性特征。前者认为资产是经济资源,后者认为是经济资产。资产是资源中的一种,资源范围更广,但两种体系中都强调其经济性特征,即其所有权已经确定,其所有者(法定所有者或经济所有者)能通过持有或使用获得经济利益。二是都强调权属关系。微观核算体系中的拥有或控制,宏观核算体系中的持有或使用,都是所有权的具体体现。拥有、持有是基于法定所有权的角度,而控制或使用是从经济所有权的角度考虑。但微观核算体系和宏观核算体系对资产的定义又有所不同:其一,资产的来源。微观核算体系中,资产来源于"过去的交易、事项",它是对历史信息做出反映。宏观核算体系中,资产来源于价值转移,着眼于未来的价值增值运动。其二,学科属性。微观核算体系对资产的定义主要是从会计的角度出发,不论是信息反馈论还是决策有用论,最终目的是关注资产的未来收益。宏观核算体系对资产的定义是基于经济统计的角度,它考虑的是资源的配置和利用问题,关注资产的价值和效用。

因此,从上述比较分析中可以看出,资产的定义不仅和资产主体的目标、功能有关,而且,资产作为资产负债表的要素之一,它的定义还与编制资产负债表的目的、目标相关。

## (三) 本书政府资产的定义

不同核算体系中,资产具有不同的定义,其重要的原因在于资产的主体不同。资产主体基于资产的目标不一致,对资产的定义也就不同。企业的目标是利润最大化,强调资产来源于经营交易带来的经济利益。政府部门主要着眼于行政管理和社会管理,它们认为资产是经济交易带来的服务潜力和经济利益,重点在服务潜力,以实现政府职能为目标。因此,很有必要从政府主体这一角度对政府资产进行定义。同时,编制政府资产负债表的目的也影响着政府资产的定义。微观政府会计报告着眼于信息反馈和决策,最终关注的是资产的收益,宏观资产负债表核算资产的形成、变动、消耗以及增值等,目的在于考虑资产的配置和效用,编制目的不同,对资产的定义也不同。因此,需要从政府主体和编制政府资产负债表的目的来定义政府资产。

1. 政府的角色定位

政府的角色定位是政府的一个基本问题,通过将其人格化来定位其功能作用。新公共管理运动是 20 世纪 70 年末 80 年代初掀起的一场声势浩大的行政改革运动,关于政府角色定位有多种说法:从其在国家政治经济社会生活中的作用来说,分为"统治者"和"治理者";根据其作用大小,将其分为"全能政府"和"守夜人政府";从作用方式来看,将其分为"掌舵者"和"划桨者";等等。可以看出,政府的角色定位与其性质、地位、作用等有着密切关系。一方面,从政府的性质来看,政府执掌社会公共权力,是制定和实施公共决策,实现有序统治的机构,它是立法机关、司法机关、行政机关等的集合。政府充当管理者的角色,主要负责维护国家社会的稳定,给企业、居民提供一个健康、有序的环境。另一方面,从政府的作用看,由于外部性等原因导致市场供给公共产品不足,需要借助"有形之手"——政府,克服市场失灵。政府在此充当生产者的角色,主要负责公共产品或公共服务的生产,当政府不能直接进入市场生产时,政府会从私人企业中挑选一些出来生产公共产品,这些企业变成公共企业,受到政府的控制。因此,政府的角色定位主要是管理者和生产者。作为管理者,从事非经济活动,行使政治、社会、文化、国防安全、外交等职能;作为生产者,从事经济活动,提供公共产品和公共服务。

第二章根据政府的活动属性和角色定位,将政府划分为狭义政府、广义政府和公共部门三个层次。其中,狭义政府主要是指通过政治过程依法设立的行政、立法和司法等机构以及社会保障单位;广义政府不仅包含狭义政府,还包括受政府控制的非营利机构;公共部门则包含广义政府和公共公司,其中公共公司分为公共非金融公司和公共金融公司,中央银行属于公共金融公司。

2. 政府资产的定义

通过对政府角色定位的分析,本书中的政府主体主要包含行政事业单位、政府控制的非营利机构和公共企业。它区别于企业会计准则中的企业和政府会计准则中的政府主体,是一个更宽泛的政府概念。企业是社会生产的主体,它以利润最大化为目标,关注私人利益。政府会计准则中的政府部门,是指狭义政府,它主要充当一个管理者角色,履行行政管理和社会管理职能。本书的政府主体则是一个集合体,它是提供公共产品的机构的集合体,关注公共利益。政府不仅充当管理者,还是重要的生产者,生产公共产品,满足公共需求。因此,政府资产的定义,应该在包含经济利益的基础上,还需包含服务潜力,突出政府资产代表着公共产权、服务公众的特征。

从编表的第一个目的来看,要核算政府的"家底",面临着哪些资产属于政府的问题,涉及权属问题。"拥有"一词表示的是具有所有权,体现出对该实体具有占有、使用、收益、处分的权力,但政府不同于一般的机构部门,它是公共权力机构,部分政府资产(比如公园),它带来的经济利益主要为公众所得,而政府需要承担投入、管理、维修等,甚至出现风险时,政府还需充当担保人。用"拥有"一词来认识政府资产的权属关系不全面。"控制"一词更能概括政府主体与资产间的权属关系,"拥有"是控制的一种特殊形式,对某一实体具有法律所有权,肯定能够控制该实体,反之,则不然。"控制"体现着政府的公共权威,政府不仅可以进行财务控制(股权和债权控制),还可以通过权力地位控制(行政任命、行政许可和干预等)。从风险的角度,政府对控制的资产承担风险,一旦发生违约问题,政府要充当担保人。因此,"控制"更能全面体现政府主体与资产的权属关系。从编表的第二个目的来看,主要是核算政府资产的占有、使用、消耗、增值等活动,以便对政府运行效率和效益进行评价。政府的运行资金主要来源于财政收入和借贷资金,不同于私人部门,通过生产获得利润,而作为公共部门,关注的是资源的配置(包括财政资源和行政资源)。财政资金和借贷资金作为政府资产来源方,政府对资源的配置很大程度上反映在对这些资金的持有或使用上,持有或使用会产生资本形成、消耗以及增值等,持有或使用也是政府资产的一个重要特征。

因此,综合前述中各种核算体系对资产定义的比较分析、与政府资产相关的政府主体角色定位、编制政府资产负债表的目的,笔者将政府资产定义为:政府主体控制的,通过持有或者使用能够带来服务潜力或经济利益的经济资产。主要特征:政府主体,控制,持有或使用,服务潜力或经济利益,经济资产。政府主体是政府资产的主体,它们之间有直接权属关系,控制具体体现这种权属关系,持有或使用是政府资产利用的方式,服务潜力或经济利益是政府资产的最终目标——服务公众,经济资产是政府资产的范围。

## 二、政府资产范围的界定和分类

### (一) 政府资产范围的界定

根据政府资产的定义,政府资产实质是政府主体控制的经济资产,通过持有或者使用来提供服务潜能或经济利益。只要是政府主体控制的资产,便属于政府资产,政府对资产的控制权力来自于公民的授权。亚当·斯密认为,政府最佳作用在于三大职能:"君主的义务,首先在保护本国社会的安全,使之不受其他独立社会的暴行与侵略……君主的第二个义务,为保护人民不使社会中任何人受其他人的欺侮和压迫,换言之,就是建立一个严正的司法行政机构……君主或国家的第三种义务就是建立并维持某些公共机关和公共工程"。不同的政府部门,其在经济体中的作用和职能不一样,进而使得政府控制的资产作用也不一样。下面将根据政府的作用和职能,对其控制的资产进行界定和划分。

#### 1. 充当管理者的政府及其资产范围

从斯密对政府职能的划分,政府首先是一个管理者,充当"守夜人"的角色,不论是对外还是对内,其目的是维持良好的秩序,包括国防安全、社会稳定、市场健康等。根据对政府范围的划分,狭义政府主要包括权力机关、行政机关、司法机关、政党机关、人民解放军、武警部队、政协组织、民主党派、具有行政职能的事业单位等。这些机构主要是代替政府行使行政职能、政治职能以及社会职能,它们被赋予了在广泛的国家政治生活、社会生活过程中的各种任务,充当管理者的角色。作为管理者的政府,其控制的资产主要用来维持机构正常运转,行使行政管理、司法、检察、市场监管、政策制定等政府管理职能。根据我国行政单位会计准则、事业单位会计准则等,这类政府占有使用资产主要包括流动资产、固定资产、在建工程、无形资产、对外投资等。

**2. 充当生产者的政府及其资产范围**

市场机制在实现资源配置方面存在许多的局限性或缺陷性,特别是在公共产品的供给方面,存在着市场失灵,不能达到帕累托最优,导致不能实现预期经济社会目标。政府需要通过运用宏观经济管理手段来解决公共产品供给不足的问题,通过财政税收和政府借款直接或间接进入生产领域,生产公共产品满足社会的需求。

（1）直接进入生产领域的政府及其资产范围

公共产品或公共服务主要包括基础公共服务（由水、电、气、交通设施、邮电、气象等机构提供）、经济公共服务（由科技推广、咨询服务、政策信贷等机构提供）、公共安全服务（军队、消防等提供）以及社会公共服务（由科教文卫、社保、环保等机构提供）。其中,诸如经济公共服务、公共安全服务和社会服务等是由政府直接进入生产领域来提供。政府通过创建受政府控制的 NPI（非营利机构）或者是政府所拥有,但没有脱离政府单位而成为独立法律实体的基层单位来生产货物或服务。在我国的政府范围中,主要表现为社会保障基金、公益一类事业单位和社会团体。

（a）受托单位及其受托代理资产

对于社会保障基金以及与之相类似的住房公积金等政府单位,其控制的资产主要指接受受托方委托管理的各项资产,包括受托制定捐赠的物资、住房公积金、社会保险基金等。该类资产的特点是:政府对这些资产既没有支配使用权,也不会给政府带来资产收益。以社会保险基金为例,它是为了保障保险对象的社会保险待遇,按照国家法律、法规,由缴费单位和缴费个人分别按缴费基数的一定比例缴纳以及通过其他合法方式筹集的专项资金。社会保险基金是国家为举办社会保险事业而筹集的,主要用于支付劳动者因暂时或永久失去劳动能力或劳动机会时所享受的保险金和津贴的资金。用人单位和劳动者必须依法参加社会保险。从其来源方式看,社会保险基金是凭借政府的权力地位获取的;从其目的来看,社会保险基金是为了保障社会保险事业,来帮助特定的保险对象,其实质是政府充当社会保险基金的再分配者。政府提供社会公共服务,在这个过程中,受托代理资产风险由政府承担,政府享有经济所有权,它给受托方提供服务潜能来保障委托方的利益。

(b)事业单位、非营利机构及其资产

公益一类事业单位和社会团体属于政府控制的非市场生产者,它们不仅提供公共产品或公共服务,还以免费或者没有显著经济意义的价格向住户或其他机构单位提供。对于这类单位,其控制的资产主要是用来生产公共服务,根据我国事业单位会计和非营利机构会计,政府控制的非市场生产者的资产可参考事业单位和非营利机构资产负债表中列示的资产项目。

(2)间接进入生产领域的政府及其资产范围

提供公共产品或服务是政府的责任,但政府并不全都直接进入生产领域进行生产,可能表现为组织产品生产和为生产提供资金,具体的选择可以创建或投资一个公营公司,该公司的诸如定价和投资等公司政策由政府控制。政府创立企业的主要目的是为了实现国家调节经济的目标,生产公共产品,特别是基础性公共服务和能源、科技等重要战略部门等生产。这些企业主要集中在水、电、气、交通设施、邮电、气象等提供基础公共服务的国有企业,以及能源、电信、科技等国有企业,其资产可参考企业会计准则中的资产范围。

3. 充当投资者的政府及其资产

政府投资企业的主要目的是追求国有资产的保值和增值,通过财政资源进行投资形成的所有者权益,即政府投资资产,其终极目的是为公共服务提供非财税资源。政府投资企业以经济安全性、利润最大化为目标,作为出资者,在现代经济中以资本形态投入各类企业从事商品生产、流通、服务,包括金融企业和非金融企业。与市场生产者一样,它们也是依市场规则经营或使用,在企业财务会计决算报表中主要体现为实收资本、其他权益工具(优先股)、资本公积、其他综合收益、专项储备、盈余公积、一般风险准备和未分配利润。

4. 作为代管者的政府及其资源性资产

资源性资产是指在当前技术经济条件下,可开发利用并为投资者带来一定经济价值的自然资源,主要包括土地资源、森林资源、矿产资源、草原资源、水资源、海洋资源等,这些资源是企业生存运营的基础。我国宪法规定,自然资源的所有权属全民所有,全民拥有自然资源的所有权派生出占有权委托给国家,国家通过全国人大,委托政府部门代管,形成双重委托关系。因此,真正对自然资源进行所有权控制的,是全国人大授权的政府部门,政府通过控制,可在市场上交易或持续取得经营收益。资源性资产成为政府资产的重要组成部分。

不同的政府组织形式承担不同的政府功能,根据政府在经济活动中的作用,总体上政府资产由行政事业单位占有使用资产、公益性资产、政府投资资本和资源性资产等组成,详见表3-1。

表 3-1  政府资产范围

| 组成 | 行政事业单位占有使用资产 | 公益性资产 | 政府投资资本 | 资源性资产 |
|---|---|---|---|---|
| 政府资产 | 该类资产主要集中在行政单位和事业单位,具体参照政府行政单位资产负债表和事业单位资产负债表中资产分类 | 公益性资产主要集中在事业单位、非营利机构和公益性国有企业,具体参照事业单位资产负债表、非营利机构资产负债表和企业资产负债表中资产分类 | 该类资产主要集中在政府投资形成的国有企业,具体有:国有实收资本(股本)、其他权益工具(国有部分)、资本公积(国有部分)、其他综合收益(国有部分)、专项储备(国有部分)、盈余公积(国有部分)、一般风险准备(国有部分)、未分配利润(国有部分) | 土地资源森林资源矿产资源草原资源水资源海洋资源 |

## (二) 政府资产的分类

关于政府资产的分类有很多种,如按流动性、资产的性质、功能和法律环境等,我国政府资产主要是会计核算,表 3-2 列示了财政部关于开展政府资产报告试点通知中政府资产报表内政府资产项目,它是按照流动性分类的。可以看出,政府资产报表的项目与文中对政府资产的界定和划分基本一致,其中,行政事业单位受托代理资产和政府经管资产中的政府储备物资、公共基础设施、保障性住房、全国社保基金、罚没物资、接收非定向捐赠资产、文物资产属于政府公益性资产,政府财政性资产、外汇储备、政府投资基金和企业国有权益属于国有资本,自然资源资产则属于政府资源性资产。

表 3-2　政府资产项目表

| 行政事业单位占有使用资产 | | 行政事业单位受托代理资产 | | 政府经管资产 | | 企业国有权益 | |
|---|---|---|---|---|---|---|---|
| 项目 | 行 | 项目 | 行 | 项目 | 行 | 项目 | 行 |
| 一、流动资产 | | 一、住房公积金 | 23 | 一、政府储备物资 | 27 | 一、国有实收资本（股本） | 41 |
| 库存现金 | 1 | 二、社会保险基金 | 24 | 二、公共基础设施 | 28 | 二、其他权益工具（国有部分） | 42 |
| 银行存款短期投资 | 2 3 | 三、接收的定向捐赠资产 | 25 | 三、自然资源资产四、政府财政性资产 | 29 | 三、资本公积（国有部分） | 43 |
| 财政应返还额度 | 4 | 四、其他代管资产 | 26 | 货币资金 | 30 | 四、其他综合收益（国有部分） | 44 |
| 应收账款预付账款其他应收款 | 5 6 7 | | | 应收和预付款项对外投资在建工程 | 31 32 33 | 五、专项储备（国有部分） | 45 |
| 存货 | 8 | | | 五、其他经管资产 | | 六、盈余公积（国有部分） | 46 |

| 行政事业单位占有使用资产 | | 行政事业单位受托代理资产 | | 政府经管资产 | | 企业国有权益 | |
|---|---|---|---|---|---|---|---|
| 项目 | 行 | 项目 | 行 | 项目 | 行 | 项目 | 行 |
| 二、固定资产 | 9 | | | 保障性住房 | 34 | 七、一般风险准备（国有部分） | 47 |
| 房屋构筑物 | 10 | | | 全国社会保障基金 | 35 | | |
| 通用设备 | 11 | | | 外汇储备 | 36 | 八、未分配利润（国有部分） | 48 |
| 专用设备 | 12 | | | 罚没物资 | 37 | | |
| 文物和陈列品 | 13 | | | 接收非定向捐赠资产 | 38 | | |
| 图书档案 | 14 | | | 文物资产 | 39 | | |
| 家具、用具、装具及动植物 | 15 | | | 政府投资基金 | 40 | | |
| 三、在建工程 | | | | | | | |
| 四、无形资产 | | | | | | | |
| 专利权 | 16 | | | | | | |
| 非专利技术 | 17 | | | | | | |
| 商标权 | 18 | | | | | | |
| 著作权 | 19 | | | | | | |
| 土地使用权 | 20 | | | | | | |
| 商誉权及其他财产权利 | 21 | | | | | | |
| 五、对外投资 | 22 | | | | | | |

资料来源：据《财政部关于开展政府资产报告试点工作的通知》（财资〔2015〕86号）整理而得。

由于政府会计受制度环境等因素影响较大，导致政府财务报告的国际比较性较弱，如若像国际核算体系（SNA和GFS）统计信息，则具备较强的国际比较功能（潘琰等，2016）。因此，本书将依据国际核算体系，按照货币性，将政府资产分为非金融资产和金融资产。利用我国政府资产项目，将其与国际核算体系资产项目比较，形成对应关系，一方面考虑当前政府资产定义受制于部门规章制度和管理需要,定义概念不清,缺乏规范性,另一方面是考虑国际间各国政府资产负债的比较,详见表3-3。

表3-3　我国政府资产项目与国际核算体系资产项目对应关系

| 国民经济核算中资产项目 | | | 我国政府资产项目 |
|---|---|---|---|
| 一、非金融资产 | （一）生产资产 | 1.固定资产 | 9、10、11、13、14、16、17、18、19、28、33、34、39 |
| | | 2.存货 | 8、27 |
| | | 3.贵重物品 | 12、39 |
| | （二）非生产资产 | 1.自然资源 | 29 |
| | | 2.合约、租约和许可 | 20 |
| | | 3.商誉和营销资产 | 21 |
| 二、金融资产 | 货币黄金和特别提款权 | | 36 |
| | 通货和存款 | | 1、2、3、4、5、6、23、25、26、30、31、37、38、43、44、45、46、47 |
| | 债务性证券 | | |
| | 贷款 | | |
| | 股权和投资基金份额/单位 | | 22、32、40、41、42、48 |
| | 保险、养老金和标准化担保计划 | | 24、35 |
| | 金融衍生工具和雇员股票期权 | | |
| | 其他应收款 | | 7 |

注:表3-3中第二列数字来源于表3-2的行号,其中行政事业单位占有使用资产中在建工程的详细科目与固定资产一致,故而未列明细,可参照固定资产分类。

表3-3仅简单列示了我国政府资产项目与国民经济核算中资产项目的对应关系,可以看出,部分政府资产项目,如生产资产和非生产

资产项目,能够与国民经济核算资产指标形成对应关系,但在金融资产项目上,对应关系相对较差,因此,要实现政府会计核算和统计核算的统一,还需要结合政府会计项目的细分科目,进一步研究对应关系,将在第四章详细讨论。

### (三) 关于公私合伙经营项目的讨论

随着新公共管理运动的发展,公众对政府效率的要求越来越高,出现了一些新的政府、企业关系形式,如公私合伙经营(Public-Private Partnership,PPP)。它是两单位间的长期契约,一个单位获得或建造某项资产或资产组,经营一段时间后将该资产移交给另一个单位。这种安排常见于私有企业和政府之间。它类似于私人主动融资(PFI)、建造—拥有—运营—转让计划(BOOT)等,基本原理都是相同的。政府参与PPP主要着眼于获得广泛的融资来源提供公共服务,同时,希望私有管理带来更有效率的生产。一般地,PPP项目契约到期后,政府将获得经济和法律所有权,形成政府的资产,但在契约期内,PPP项目资产是否属于政府资产有待研究。

PPP是在公共服务领域,政府采取竞争性方式选择具有投资、运营管理能力的社会资本,双方按照平等协商原则订立合同,由社会资本提供公共服务,政府依据公共服务绩效评价结果向社会资本支付对价。根据政府资产的定义和特征,契约期内PPP符合持有或使用、提供服务潜能或经济利益以及经济资产等特征,主要问题在于所有权关系,不同的权属关系会导致契约期内政府资产记录方式不一样。SNA2008建议根据PPP项目契约的具体情况,分两种情况:第一种是私人单位被判断为PPP项目契约期内的法律所有者,契约期内,政府注入的资金相当于政府提供给私人单位的贷款,记为政府的金融资产,相应地,私人单位则是负债;第二种是政府被判断为 PPP 项目契约期内的法律所有者,即为政府资产,应该虚拟一项交易反映该项资产的获得,类似于金融租赁,比如虚拟一项私人单位向政府提供的贷款,政府向私人单位的实际支付代表对贷款的偿付。因此,需要根据 PPP 契约的具体内容来判定资产的归属,最终确定契约期内政府资产项目记录方式。

## 第二节　政府资产负债表中负债范围界定

### 一、政府负债相关概念辨析

（一）政府负债的定义

企业会计中,对于负债,国际会计准则委员会(IASB)的定义为:负债是指企业过去的交易或事项形成的、预期会导致经济利益流出企业的现时义务。其实质上是企业在一定时期之后必须偿还的经济债务,其偿还期或具体金额在它们发生或成立之时就已由合同、法规所规定与制约,是企业必须履行的一种义务。政府负债的主体是政府,它代表着公共权力机构或者公共企业,与传统私人部门对负债的定义有所不同。国际公共部门会计准则(IPSAS)从公共部门的目标出发,将负债定义为:主体因过去事项而承担的现时义务,该义务的履行预计将导致含有经济利益或服务潜能的资源流出主体。其本质特征是含有"经济利益或服务潜能"的资源流出主体。从 IASB 和 IPSAS 对负债的定义可以看出,负债是一种由过去事项形成的会导致主体资源流出的现时义务,但负债主体目标不同,流出主体资源也不同。企业流出的经济利益或资源,而公共部门重视公共利益,负债意味着经济利益或服务潜能流出。

SNA2008 对负债的定义:一单位(债务人)承担在特定条件下对另一单位(债权人)进行支付或系列支付的义务时,负债得以确立。GF-SM2014、公共部门债务统计(PSDS)关于负债的定义与 SNA2008 相同。SNA 不承认非金融负债,其定义的负债是指金融负债,通常来源于具有法律约束力的合约约定支付条款。但对政府部门,负债的产生可能不只来自合约,而是来自长期广泛认同的惯例,政府对个人进行支付,个人作为债权人对支付有合理的预期,这种负债称为推定负债。从宏观核算体系看,负债的本质是金融索取权,不论是法律约定合同抑或广泛认同的惯例合同,通过合同支付义务确立。

根据会计核算和宏观经济核算中对负债的定义可以看出,二者存在相同点,都表示一种合约义务。但也存在不同,在会计核算中,不同的会计主体,义务兑现的内容不一样,流出企业的是经济利益,而流出政府或公共部门的是经济利益或服务潜能,这与在政府资产定义的逻辑一致,突出负债主体的特征;在宏观经济核算中不存在此类差别。因此,对政府负债的定义,需要考虑到政府主体的特征和编制政府资产负债表的目的,同时,兼顾前文中政府资产的定义,与之形成照应,将政府负债定义为:政府主体承担对其他单位支付导致服务潜能或经济利益流出政府的义务。该定义通过服务潜能或经济利益突出政府主体特征,说明负债的本质是一种义务,反映了政府与其他单位的社会关系。

### (二) 负债和债务的区别、联系

负债和债务是两个既有区别又有联系的概念。SNA2008、GFSM2014 和 PSDS(公共部门债务统计)对负债的定义是相同的,认为负债是一单位(债务人)承担在特定条件下对另一单位(债权人)进行支付或系列支付的义务。对于债务,SNA2008 和 PSDS 将债务定义为:在将来某个日期或某些日期需要由债务人向债权人支付(本金或利息)的所有负债。从其定义看,债务是指涉及资源或资金的使用成本的负债,如贷款、债券之类,这些资金使用需要支付利息,而负债包括所有合约支付义务,除上述贷款、债券等,还包括应付款等,负债的范围更广。同时,还有从金融工具的角度区分负债和债务,通过包括哪些金融工具类型或者排除哪些金融工具来确认。SNA 中债务不包括股份、债权和金融衍生品等负债,GFSM 中股票、投资基金份额、金融衍生品和员工股票期权不是债务。债务项目中,不涉及股权关系,投资与被投资实质反映的是金融索取权,但债务只涉及债权关系。因此,负债和债务二者的关系,不论从定义还是从包含金融工具类型看,债务只是负债中一部分,但负债未必是债务。

同样,政府负债和政府债务的区别和联系类似。政府债务是指政府凭借信誉作为债务人,和债权人按照有偿原则发生信用关系来筹集资金(刘寒波等,2015)。政府债务与前文中政府负债定义相比,范围更小,仅指资金有偿使用的合约义务。目前国内对政府债务的研究,涉及债务规模测度、风险评估等,仅仅只是政府有偿使用资金的政府债务,还未涉及其他政府负债,因而完整的政府负债需要通过政府资产负债表显现出来。

### (三) 或有负债

或有负债的概念来自于会计学,是指过去形成的事项产生的可能责任,该责任的履行预期导致主体经济资源的流出,从而构成一项潜在债务。这里的"或有"表示发生的可能性,最终结果取决于未来的经济事项发生与否。或有负债具有两个特征：一是以过去发生的事项或事实为基础，是基于客观的事实，而不是人们的估计或猜测；二是发生结果具有不确定性，或有负债的发生取决于未来经济事项的发生情况，当一定条件发生时，才会导致或有负债产生。从或有负债的定义和特征看，它与一般意义上的"负债"差别较大。前者中涉及负债金额、债权人、债务人以及偿还时间等，只有等到未来事项发生后才能确定，而后者则是在发生时，已经确定负债发生，负债约定的内容一同确定，因而，后者属于确定性负债。

政府或有负债是世界银行专家 Hana Polackova（1998）将或有负债引入政府财政范畴，政府同企业一样，同属法定市场经济主体，但政府还是公共主体，其职责是维护公共利益，化解公共风险，政府或有负债是基于政府的市场主体和公共主体双重特征产生的。Polackova 将政府或有负债定义为某些特定事件的发生导致给政府带来支出的责任。特定事件是基于政府作为公共主体而作出担保的事件，目的是防范公共风险，维护公共利益。政府或有债务风险可分为两类：法定政府或有债务（或称显性政府或有债务）和推定政府或有债务（或称隐性或有债务）。前者是指政府为企业提供各种形式的担保，一旦企业发生违约，政府需要承担为其担保的责任，并偿还债务；后者是指发生系统性金融风险时，政府基于道义或者考虑整个社会风险状况而承担的义务。为了全面分析政府负债，Polackova 引入财政风险矩阵，按照不确定性或者发生可能性大小，将政府负债分为确定负债（或称直接负债）和或有负债；按照显性隐性的情况，将负债划分为显性负债和隐性负债，又称法定负债和推定负债，将它们组合在一个矩阵里，形成财政风险矩阵，见表3-4。

表 3-4　政府财政风险矩阵

|  | 直接政府负债 | 或有政府负债 |
|---|---|---|
| 显性政府负债 | 显性直接政府负债 | 显性或有政府负债 |
| 隐性政府负债 | 隐性直接政府负债 | 隐性或有政府负债 |

直接负债是指在任何情况下都存在的负债,与事件发生的可能性无关,是已经确定的负债,或有负债则要依据未来事项发生可能性来断定是否发生。显性负债是依照法律约定产生的,而隐性负债是大家公认的,基于道德或者惯例形成的。显性直接政府负债是指政府承担的法定负债,该项负债已经确定,由政府承担的现实义务,隐性直接政府负债是政府基于道德或者公共利益承担的现实义务。显性或有政府负债是政府因对其他经济主体担保而承担的潜在义务,此类担保约定了债务的具体情况,一旦发生违约,须由政府承担。隐性或有政府负债是指政府基于道义或者契约等承担的潜在义务,该类债务也是不确定性的,政府承担的多与少完全取决于政府的态度。从上述政府负债的四类情形看,不确定性程度越大,隐蔽性越强,影响力越大,政府承担的风险越大。

## 二、政府负债范围的界定和分类

### (一) 政府负债范围的界定

关于对政府负债的范围的研究已经很成熟,许多学者进行了大量研究。而从政府资产负债表的角度界定政府负债范围,主要是政府会计核算中的政府财务报告、国民经济核算和政府财政统计核算体系中的政府资产负债表,具体政府负债项目见表 3-5。

表 3-5　不同核算体系下政府负债项目

| | 政府财务报告 | 宏观核算体系（包括 SNA 和 GFS） |
|---|---|---|
| 政府负债项目 | 借入款项 | 货币黄金和特别提款权 |
| | 应付利息 | 通货和存款 |
| | 应付及预付款项 | 债务性证券 |
| | 应退税款 | 贷款 |
| | 应退非税款 | 股票和投资基金份额 |
| | 应付政府补助 | 保险、养老金和标准化担保计划 |
| | 政府债券 | 金融衍生工具和雇员股票期权 |
| | 其他负债 | 其他应付款 |

从表 3-5 列示的政府负债项目看,政府会计和宏观经济核算中政府资产负债项目既有相同点,又有不同之处。相同点在于所列示的政府负债项目都是直接政府负债,不涉及或有负债。不同点在于包含的金融工具不同,政府财务报告中政府负债项目主要是债务工具和流动性负债,而宏观核算体系中政府资产负债表的负债项目包括多种金融工具:政府债券、股票、投资基金份额以及衍生金融工具。SNA 并未对金融资产和金融负债进行明确分类,从宏观多部门的角度看,一方是金融资产,相应另一方是金融负债,但单独涉及政府主体,金融负债主要包含债务工具和股权工具,因而政府财务报告和政府资产负债表中政府负债项目不同点在于是否包含股权工具。因此,根据政府财务报告和政府资产负债表中负债项目的比较分析,对政府负债范围的界定关键点集中在两个问题:是否包含政府或有负债;是否包含股权工具。

对于政府或有负债,很多学者主张应该将其纳入政府负债,刘尚希(2003)认为政府或有负债与财政承担最终公共风险是一个问题的两个方面。从政府作为公共主体的属性看,它与市场存在分工协作的关系,市场不能解决的公共风险问题,需要由政府来防范和化解,财政承担最后的兜底责任,政府或有负债实质是政府充当最后的支付人,对居民、企业等进行隐性的担保和保证。因而,从道德风险的角度看,应该将或有负债包含在政府负债中。然而,政府或有负债的最大特征是不确定性,只有当约定的事件在未来发生,才会产生或有负债,从资产负债表的角度看,会计中提倡稳健性原则,对于不确定的项目不予确认。政府或有负债不是一定由财政来承担,也不意味着全部由财政承担,对于这种不确定性负债,会计中一般不予确认,只是在财务报表附注中注明;从 SNA 的角度看,或有负债也不被核算,原因在于 SNA 测度的是经济中各主体间出于各种目的发生的一切交易,交易是测度的核心,它是已经发生的确定性事项,与政府或有负债的特征不一致。政府负债是政府资产负债表的一个重要因素,一方面考虑到会计和宏观经济核算,另一方面,政府负债应该与政府资产项目相对应,都应遵循稳健性和审慎性原则,包含的项目应该为确定性项目,故而本书中的政府资产负债表中政府负债项目不考虑或有负债。但政府或有负债是由经济活动中不确定性因素引起的,我国作为转型发展国家,各经济主体风险责任不明晰,特别是政府与国有企业关系,政府仍在许多方面进行行政干预,同时,政府财权和事权不匹配,导致地方政府面临发展资金短缺,从而使得地方融资平台膨胀,这些都会引发公共风险,产生政府或有负债。基于我国的发展现实问题,参照 GFS 建议,将政府或有负债纳入备忘录或附注,为全面衡量政府债务风险提供依据。

股权工具主要包括股票、投资基金、金融衍生品等,从企业的角度看,企业资产主要由负债和所有者权益组成,存在债权和股权两种关系,债权关系体现在负债项目中,股权关系体现在所有者权益中,所有者权益主要包括自有资金和其他投资人投资资金,这些资金通过股票、投资基金等直接间接投资于企业,因此,股权工具体现的所有者投资关系体现在所有者权益项目中。对于政府主体,它的资产负债表主要包含资产、负债项目,没有所有者权益项目,因而,股权工具只有放置资产、负债项目中。从股权的本质看,它实质是一种金融索取权,对外投资表示正向关系,体现为一种索取经济利益的权力,即金融资产;接受投资,体现为一种未来被索取经济利益的义务,经济资源将流出主体,也即金融负债。因此,基于股权工具的本质和政府资产负债表的特征,政府负债应包含股权工具。

### (二) 政府负债的分类

目前政府负债的分类主要有按照职能和金融工具两种分类,其中,职能分类是根据经济动机和行为模式考虑的,我国政府会计中,将政府负债分为:借入款项、应付利息、应付及预付款项、应退税款、应退非税款、应付政府补助、政府债券和其他负债;金融工具分类,依据是金融工具是以描述工具主体之间关系的法定特征为基础,宏观核算体系中,针对政府负债,将其分为货币黄金和特别提款权、通货和存款、债务性证券、贷款、股票和投资基金份额、保险、养老金和标准担保计划、金融衍生工具和雇员股票期权、其他应付款共八类。前文在对政府资产分类中已经提到,政府会计受制度环境等因素影响较大,导致政府资产负债表的国际比较性较弱,且在政府会计负债项目中尚未包含股权工具,影响政府负债的全面统计,因而笔者将参照 SNA2008,依照金融工具对负债进行分类。

SNA2008 将负债分成八类,它只是一个通用负债项目分类,对于不同国家和部门,应该有所不同。本书界定的政府主体主要包括狭义政府、政府控制的非营利机构以及公共公司。表3-6列示了政府主体与负债项目对应关系。

表 3-6　政府主体与负债项目对应关系

| | 广义政府 | | 公共公司 | | | | |
|---|---|---|---|---|---|---|---|
| | | | | | | 金融公共公司 | |
| | 狭义政府 | 其他 | 企业型事业单位（受政府控制） | 公益二类事业单位 | 非金融公共公司 | 货币金融公共公司（含央行） | 非货币金融公共公司 |
| 货币黄金和特别提款权 | | | | | | √ | |
| 通货和存款 | √ | √ | √ | √ | √ | √ | √ |
| 债务性证券 | √ | | | | | | |
| 贷款 | √ | √ | √ | √ | √ | √ | √ |
| 股票和投资基金份额 | √ | | √ | √ | √ | √ | √ |
| 保险、养老金和标准化担保计划 | | | | | | | |
| 金融衍生工具和雇员股票期权 | | | | | | | |
| 其他应付款 | √ | √ | √ | √ | √ | √ | √ |

货币黄金和特别提款权属于中国人民银行的负债(或资产)项目,债务性证券(国债)主要集中在政府部门,通货和存款、贷款、股票和投资基金份额、其他应付款等负债项目被分属各个部门,而保险、养老金和标准化担保计划及金融衍生工具和雇员股票期权这两大类很难找到分属关系,原因在于一是与我国实际不符,二是我国缺少对这些项目的统计,如金融衍生工具和雇员股票期权。因而问题关键在于要不要把这两大类列示在政府负债项目中。保险、养老金和标准化担保计划都是金融机构进行财富调节或收入再分配的形式,从其归属关系看,应该划分到金融机构,但我国目前与政府相关的类似项目是社会保障基金,它是根据国家有关法律、法规和政策的规定,为实施社会保障制度而建立起来、专款专用的资金。从其范围看,社会保障基金包括基本养老保险基金、基本医疗保险基金、失业保险基金、工伤保险基金、生育保险基金等;从其目的看,主要是财富调节或收入再分配,因而与保险、养老金和标准化担保计划有内在一致性,因而可以将该负债项目与社会保障基金对应。对于金融衍生工具,它是在货币、债券、股票等传统金融工具的基础上衍化和派生的,以杠杆和信用交易为特征的金融工具。政府管理资产一个重要目的是对资产进行保值增值,为财政支出提供重要的来源,金融衍生工具是政府投资成立的投资公司常见的项目,因此,金融衍生工具与金融公共公司对应。而雇员股票期权是雇主与雇员签订的一种协议,根据协议,在未来约定时间或紧接着的一段时间内,雇员能以约定的价格购买约定数量的雇主股票。对于实行行政管理职能的政府主体来说,关注的公共利益,不会发行雇员股票期权,而在公共公司中,从企业发展与个人发展利益结合的角度,存在雇员股票期权,因此,在政府负债项目中,包含雇员股票期权金融工具,主要存在于公共公司中。因此,本书界定的政府负债分类见表3-7。

表3-7　政府资产负债表中政府负债项目

| | 政府负债项目 |
|---|---|
| 金融工具 | 货币黄金和特别提款权 |
| | 通货和存款 |
| | 债务性证券 |
| | 贷款 |
| | 股票和投资基金份额 |
| | 保险、养老金和标准化担保计划 |
| | 金融衍生工具 |
| | 其他应付款 |

本书通过前三章,分别分析了政府资产负债表的理论基础,核算主体以及核算项目的范围,为政府资产负债核算奠定理论基础。通过理论梳理和范围界定发现,政府单位的活动属性或职能决定了政府单位核算项目差异,具体可见表3-8。

表3-8　政府资产负债界定和核算原则

| | 主要活动内容 | 资产负债界定总原则 | 资产负债核算总原则 |
|---|---|---|---|
| 行政单位 | 管理活动 | 资金来源财政,基本没有增值 | 主要核算存量,资产负债变化主要是物量变化与价值变化 |
| 公共公司 | 经济活动 | 有增值,能够形成积累 | 除了物量变化等变化外,还有积累 |

根据表3-8政府资产负债界定和核算原则的概括,行使政府管理职能的政府行政单位,其资金来源于财政,表现为财政收支影响资产负债内部的变动,因而只需核算存量,资产负债变化量核算涉及物量变化

与价值变化,不涉及增值核算。对于公共公司,从事生产提供公共产品,经过社会再生产的四个环节,不仅需要核算存量,流量核算中除物量变化、价值变化外,还需核算增值部分,即资本形成和存货投资。

# 本 章 小 结

政府资产、负债是政府资产负债表重要组成部分,研究政府资产、负债范围对于完善政府资产负债表的编制理论具有重要意义。在政府资产范围界定上,通过对微观核算体系和宏观核算体系中资产的定义进行比较分析发现,资产的定义不仅和资产主体的目标、功能有关,还与编制资产负债表的目的、目标相关。在此基础上,根据政府的功能定位和编制政府资产负债表的目的对政府资产进行定义。结合政府在经济活动中的作用,将政府资产界定和划分为行政事业单位占有使用资产、公益性资产、政府投资资本和资源性资产四类。最后讨论 PPP 项目是否为政府资产以及其记入政府资产方式。在政府负债范围界定上,从政府负债的定义、债务与负债的区别和联系、或有负债等进行辨析,在此基础上,对不同核算体系负债项目进行比较,界定本书的政府资产范围和分类。

# 第四章　行政单位资产负债核算方法

政府的两大角色为管理者和生产者。管理者是政府的首要职能，具体包括维持良好的秩序，创建健康稳定的环境，包括国防安全、社会稳定、市场秩序良好等。行使管理职能的政府单位主要指立法、行政、司法等机构，具体包括各级各类国家权力机关、行政机关、司法机关，还包括政党组织和具有行政职能的事业单位。本章将对这类单位资产负债表的编制理论和方法进行研究。

## 第一节　行政单位资产负债特点

### 一、行政单位的职能和范围

行政单位是行使国家行政权的国家机关，行政管理活动的重要主体，也是行政权力、政府职能的物质载体。行政单位职能包含两部分：职责和功能。职责是指其肩负的责任，功能是将肩负的责任付诸行动时对社会产生的作用。前者是后者的前提，决定后者的特征；后者是前者的表现，是责任付诸行动的结果，二者合成一体构成了行政单位职能。行政单位属于非物质生产部门，不直接参与物质生产，其职责是完成国家所赋予的各项行政管理任务,狭义的行政管理任务指国家行政机关对社会公共事务的管理,又称为公共行政,广义的行政管理任务是指国家政治目标的执行,包括立法、行政、司法等对有关事务的治理、管理和执行的社会活动。行政单位的功能是在其职责的基础上产生,即通过各项行政管理任务,为社会再生产创造良好的社会环境,提供有效的服务和社会安全保障。

行政单位是政府行政权力关系物化的表现,具体表现为行政单位的范围,这是就其内部结构而言。就其与外部的关系,也即对社会的作用而言,通常称为行政单位功能,正是这些功能赋予了结构和范围的合理性。从狭义上讲,行政单位的功能体现为行政单位通过行政机关对社会公共事务进行管理,为社会再生产提供间接的服务和创造良好的市场环境,这决定了狭义行政单位的范围集中在政府行政机构单位,包括人民政府、人民政府工作部门、实行垂直领导的行政机关等行政权力机关。从广义上讲,行政单位功能体现为立法、行政、司法等通过治理、管理和执行的社会活动,维护社会秩序,提供有效的服务和社会安全保障。因而广义行政单位的范围集中在立法、行政、司法等机构,具体包括各级各类国家权力机关、行政机关、司法机关,还包括政党组织和具有行政职能的事业单位。本书研究的行政单位是指广义上的行政单位。

## 二、行政单位资产、负债的形成及其特点

### (一) 行政单位资产、负债的形成

行政单位为完成日常业务活动所需的资金主要来源于财政拨付的预算资金,支出完全是为了满足社会公共需要。财政资金的收和支,形成了行政单位的资产和负债。财政收支属于流量范围,行政单位资产、

负债属于存量范围,流量在一定条件下形成存量,期末期初存量变化反映的是流量变化。对于行政单位,期初存量是行政单位正常运转的先决条件,通过财政收支流量,获取资产,补偿资本消耗,应付经常性支出和资本性支出等,最终形成期末存量,期末存量和期初存量的差额是政府行政运行成本。从政府会计的角度看,资产、负债和净资产是存量因素,收入和费用是流量因素,分别对应资源流入和资源流出,通过资源流入和流出,从而影响行政单位的资产、负债和净资产。从政府财政统计的角度,收入为引起政府净值增加的资源流入,支出为引起政府净值减少的资源流出,行政单位通过财政收入和开支,影响着其资产、负债和净值。政府会计、政府财政统计的流量和存量关系详见图4-1。

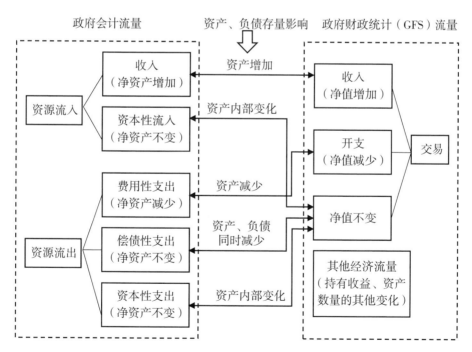

图4-1　行政单位政府会计、政府财政统计的流量和存量关系

从图4-1中可以看出,政府会计中的收入、支出与GFS中收入、开

支,对行政单位的资产、负债有着相同影响,只是具体的收与支内涵不一致,政府会计中收与支具体表现为资源流入与流出,而 GFS 中收入与开支是通过对净值影响定义。政府会计和 GFS 流量对资产、负债存量影响有着对应关系,为政府会计资产负债核算向政府财政统计资产负债核算过渡成一体化提供了可能性,而具体内涵、指标不一致,则需进一步研究指标的对应关系。

### (二) 行政单位资产、负债的特点

#### 1. 行政单位资产特点

行政单位资产是政府行使行政职能的物质基础,通过财政投资形成,为了履行政治、社会和法律职能的需要。行政单位资产主要分为两种:行政性资产和公益性资产。前者是行政单位作为组织机构所拥有的自身运行管理所需要的资产,后者是由行政单位直接管理的资产。

行政性资产由行政单位占有使用,直接服务于政府活动,为提供公共服务的基本物质保障,不直接用于公共服务,公众无法直接受益于行政性资产。行政性资产具有以下特点:(1)公共服务的间接性。行政性资产直接服务于政府活动,公众无法直接受益。(2)资产使用的非生产性。行政单位不从事物质生产,从社会再生产的角度,行政性资产是一个非生产性的消费过程,资产的耗费不创造新的财富。(3)价值补偿的单向性。行政性资产无法通过提供公共服务获取经济利益补偿,而是通过财政资金进行更新和改造。

公益性资产是由政府管理,直接服务于公众,公众通过使用能受益的资产。公益性资产具有以下特点:(1)直接服务于公众。(2)具有非排他性。公众对公益性资产的使用不能排除他人的使用。(3)价值补偿的非市场性和单向性。公益性资产服务于公众,大部分是以免费的

形式提供给公众,小部分是以不具有经济意义的价格供大众使用,这些经济利益不能完全补偿其消耗价值,不是完整的资金运动,还需要通过财政资金进行价值补偿。

2.行政单位负债特点

行政单位负债是指行政单位所承担的能以货币计量的,需要以资产偿还的债务。行政单位不从事生产经营活动,其所需要的资金由国家财政进行保证,不需要通过借贷进行政府活动,同时,政策上规定,行政单位除法律、行政法规规定的以外不得举借债务,不得对外提供担保。因而,行政单位负债实际上是待结算的往来账,以流动性负债为主,不存在需要还本付息的融资项目。

# 第二节　行政单位会计与 GFS
# 资产负债核算比较

行政单位行使的是政府管理职能,资产、负债形成源于政府管理活动,活动资金来源于财政资金。行政单位会计和 GFS 资产负债核算,都是核算某一时点上资产和负债存量信息,但核算的项目范围、核算方法等方面存在较大差异。本节拟对行政单位会计和 GFS 资产负债核算的项目范围、核算方法等进行比较,为利用行政单位会计资产负债核算内容编制 GFS 资产负债表提供可能性分析。

## 一、核算项目比较

### 1.项目分类标准不一致

行政单位会计资产负债核算的项目主要是资产、负债和净资产,其中,政府会计资产负债表左方按流动性划分为流动资产和非流动资产两项,右方的负债项目同样按流动性划分为流动负债和非流动负债,净资产表示行政单位资产净值,具体包括财政拨款结转、财政拨款结转、财政拨款结余、其他资金结转结余、资产基金、待偿债净资产等。GFS资产负债表左方将资产按属性划分为非金融资产和金融资产,非金融资产按生产性划分为非金融生产资产和非金融非生产资产,负债则是按照金融工具分类,负债和净值中包含股票和其他权益工具,但对于行政单位来说,不存在此类差异,净值和政府会计中的净资产都表示资产净额,只是名称和项目内容不一致。由于项目分类的不同,导致两种资产负债表对应的项目不对称,需要按照GFS的分类标准对行政单位会计数据进行调整。

2. 项目内容交叉

在具体资产项目上,行政单位会计的资产、负债项目与GFS的资产、负债项目存在着内容交叉。例如,行政单位会计准则对在建工程项目规定,在核算期末各项未完成的实际投资支出和尚未使用的工程物资的实际成本费用均为在建工程,而GFS规定在建工程是处在建设过程中的固定资产,其所有权已经转移,或者已经签订销售合同视作所有权转移,在此情形下记录为固定资产,否则将未完工的建筑物视作存货。行政单位会计中无形资产包括专利权、非专利权、商标权、著作权、土地使用权及商誉等,而GFS与SNA一致,将知识产权产品划分到固定资产,而租约、可转让合同和商誉等属于非生产资产,因而对于项目内容存在着交叉的,需要按照GFS项目划分进行分解。

## 二、核算范围比较

政府会计核算的资产负债表中不包含未经过交易活动的部分非生

产资产,如建筑物下的土地、历史古迹和文化文物遗产等。行政单位建筑物下(包括其直接管理的公共基础设施在内)的土地,其法律所有权归属各级人民政府,经济所有权归各个行政单位,产生法律所有权和经济所有权分离的问题。但按照 GFS 以所有权准则的前提来确定,这些未经过交易活动的部分非生产资产符合 GFS 资产负债核算要求,因而需要在其资产负债表中予以体现。可以看出,行政单位会计资产负债表与 GFS 资产负债表在核算范围上有较大差异,前者核算的范围远远小于后者,因而需要将会计中未涵盖的范围按照 GFS 标准覆盖,并进行重新估价。

### 三、核算原则和估价方法不同

#### 1. 核算原则不同

会计上核算原则按照记录时间原则分为收付实现制和权责发生制两种。收付实现制是以货币收支实际发生的时间加以记录,权责发生制则是依照经济活动自身发生的时间作为记账的依据。

权责发生制核算的记录时间与 GFS 的经济活动和其他流量的方式完全一致,不受现金流量超前和滞后的干扰影响,还能应用于非货币流量。GFS 全面实行权责发生制原则,它规定交易和其他经济事项发生时予以确认和记录,记入相关期间的会计记录并在资产负债表中确认。对于行政单位会计核算,在 2013 年 12 月 31 日以前,使用预算会计管理制度,它以监督预算为基础,以预算收支为主要核算内容,会计记录反映财政预算收支状况、记录财政资金流量情况,以收付实现制为原则。财政部基于公共财政体系建立健全、财政预算管理改革和行政单位财务管理改革的需要,修订并发布了《行政单位会计制度》(财库〔2013〕218 号),于 2014 年 1 月 1 日开始在行政单位全面实施。新制度要求行政单位会计核算资产、负债、净资产一般采用权责发生制。因此,根据行政单位会计内容来编制 GFS 资产负债表,需要考虑会计数据记录时间原则问题,如若是按照新的《行政单位会计制度》,核算原则一致,可以直接使用,相反,则需要考虑数据转换问题。

2. 估价方法不同

行政单位会计的基本假设之一是货币计量,在会计信息质量上要求数据真实可靠,它考虑的是币值稳定问题,因而估价原则主要以历史成本为原则,它按照当时实际交易价格并经双方认可为基础进行记录,具有可靠性、客观性和可比性的优点。按照历史成本,有利于往来单位之间的可比性,还可以避免人为操纵的因素。在币值稳定的前提下,历史成本原则有其优越性,随着现代经济发展,币值不稳定现象时有发生,特别是在通货膨胀或紧缩期间,使用历史成本会造成严重的账面价值与实际价格不符。对于一些固定资产的估价账实不符问题尤为严重,出于资产保全的目的,诸如固定资产和长期投资等项目,估价方法以重置成本为主。又由于行政单位存在着大量的接受捐赠、无偿划拨资产和文物资产,很难对这些资产价值进行估价,出于估价目的,行政单位会计中使用公允价值对这些资产进行估价。公允价值是熟悉市场情况的买卖双方在公平交易的条件下和自愿的情况下所确定的价格,或无关联的双方在公平交易的条件下一项资产可以被买卖或者一项负债可以被清偿的成交价格。在公允价值计量下,资产和负债按照在公平交易中,熟悉市场情况的交易双方自愿进行资产交换或者债务清偿的金额计量。总之,行政单位资产负债估价方法主要有历史成本法、重置成本法、公允价值法等,以历史成本法为主。

GFS 作为宏观经济核算体系之一,在资产负债核算上借鉴了会计核算的基础理论和方法,还借助了经济理论和原则。然而,GFS 在估价方法上并没有采用会计上的历史成本方法,而是基于经济学中机会成本的概念,采用市场价值的方法对资产、负债进行估价。原因在于在宏观经济核算中,资产负债核算的最终目的是进行资源配置,而机会成本正是考虑资源配置的基础。机会成本实际上是现期成本的近似值,通常称为机会成本原则。在没有货币交易的情况下,可以根据支出的当期成本和可参照的市场价格进行估价。因此,在编制资产负债表时,资产、负债项目反映的是当期市场价格,而不是历史成本或原始价格,以便衡量真实的价值和财产规模。然而,在对资产、负债等进行重新估价时,也会用到其他估价方法,如重置成本法、净现金流价值法、物价指数法和永续盘存法等。

从上述比较中可以看出,行政单位会计资产负债表编制估价方法以历史成本法为主,GFS 以市场价格为主,二者在估价方法上存在很大的差异,主要原因在于编表的目的、目标不同。因而要利用会计数据编制 GFS 资产负债表还需要考虑估价因素。

# 第三节　行政单位会计与 GFS 资产
# 负债核算表衔接调整

编制 GFS 资产负债表绝不是对行政单位会计资产负债表中会计数据简单相加,二者在核算项目、核算范围和项目估价方法上存在很大差异,这些差异是利用行政单位会计数据编制 GFS 资产负债表必须解决的问题,需要对行政单位会计资产负债核算与 GFS 资产负债核算进行衔接调整。

# 一、行政单位会计资产负债与 GFS 资产负债指标调整

行政单位会计资产负债表和 GFS 资产负债表有很大的差异,特别是项目分类和明细科目,导致不能直接利用会计指标和数据编制 GFS 资产负债表。然而,行政单位会计资产负债和 GFS 资产负债核算共同的基础来源于"资产−负债＝净值(净资产)"恒等式,且财政收入、支出流量是影响行政单位资产、负债存量重要因素,二者存在相通之处,为利用会计数据,调整指标来编制 GFS 资产负债表提供了基础。

## (一) 建立 GFS 资产负债核算指标一体化表

本书将按照 GFS 资产、负债分类标准,根据 GFS 资产、负债的详细分类和项目定义、内涵,利用行政单位会计资产负债表科目明细,建立 GFS 资产负债核算指标调整表。其中,表 4-1 为行政单位会计资产负债表科目明细表,表 4-2 是 GFS 资产负债核算指标一体化表,调整来源是利用表 4-1 中的会计科目明细进行调整,主要使用方法是项目拆分、合并、归类等。

### 表 4-1　行政单位会计资产负债表科目明细表

| 科目编号 | 会计科目名称 | 科目编号 | 会计科目名称 |
|---|---|---|---|
| 1 | 资产 | 2 | 负债 |
| 1001 | 库存现金 | 2001 | 应缴财政款 |
| 1002 | 银行存款 | 2101 | 应缴税费 |
| 1011 | 零用额账户用款额度 | 2201 | 应付职工薪酬 |
| 1021 | 财政应返还额度 | 2301 | 应付账款 |
| 102101 | 财政直接支付 | 2302 | 应付政府补贴款 |
| 102102 | 财政授权支付 | 2305 | 其他应付款 |

续表

| 科目编号 | 会计科目名称 | 科目编号 | 会计科目名称 |
|---|---|---|---|
| 1212 | 应收账款 | 2401 | 长期应付款 |
| 1213 | 预付账款 | 2901 | 受托代理负债 |
| 1215 | 其他应收款 | | |
| 1301 | 存货 | 3 | 净资产 |
| 1501 | 固定资产 | 3001 | 财政拨款结转 |
| 150101 | 房屋及构筑物 | 3002 | 财政拨款结余 |
| 150111 | 通用设备 | 3101 | 其他资金结转结余 |
| 150112 | 专用设备 | 3501 | 资产基金 |
| 150121 | 文物和陈列品 | 350101 | 预付款项 |
| 150131 | 图书、档案 | 350111 | 存货 |
| 150141 | 家具、用具、装具及动植物 | 350121 | 固定资产 |
| 1501 | 累计折旧 | 350131 | 在建工程 |
| 1511 | 在建工程 | 350141 | 无形资产 |
| 1601 | 无形资产 | 350151 | 政府储备物资 |
| 160101 | 著作权 | 350152 | 公共基础设施 |
| 160111 | 土地使用权 | 3502 | 待偿债净资产 |
| 160121 | 专利权 | | |
| 160131 | 非专利技术 | | |
| 160141 | 其他 | | |
| 1602 | 累计摊销 | | |
| 1701 | 待处理财产损溢 | | |
| 1801 | 政府储备物资 | | |
| 1802 | 公共基础设施 | | |
| 1901 | 受托代理资产 | | |

资料来源:《行政单位会计制度(2014)》。

表 4-2　GFS 资产负债核算指标一体化表

| GFS 编码 | 项目 | 调整来源 |
|---|---|---|
| 1 | 资产 | |
| 61 | 非金融资产 | |
| 611 | 固定资产 | 150101 房屋;150101 构筑物;1802;1511 中在建工程所有权已经确定的,划归到固定资产,详细分类参照固定资产分类;150111 和 150112 中运输设备;150111、150112(运输设备除外);150141 中家具、用具和装具(属办公设备) |
| 6111 | 建筑物和构筑物 | |
| 61111 | 住宅 | |
| 61112 | 非住宅建筑 | 150101 房屋 |
| 61113 | 其他构建物 | 150101 构筑物;1802 |
| 61114 | 土地改良 | |
| 6112 | 机器和设备 | |
| 61121 | 运输设备 | 150111 和 150112 中运输设备 |
| 61122 | 其他机器和设备 | 150111、150112(运输设备除外);150141 中家具、用具和装具(属办公设备) |
| 6113 | 其他固定资产 | 150141 中动植物;150131;160101;160121;160131;160141 中相关知识产权产品 |
| 61131 | 培育资产 | 150141 中动植物 |
| 61132 | 知识产权产品 | 150131、160101、160121、160131、160141 中相关知识产权产品 |
| 6114 | 武器系统 | |
| 612 | 存货 | 1301 中除家具、用具和装具外的存货;1801,详细分类参考存货;1901 和 1511 中所有权未确定,归类为在制品 |
| 61221 | 原料和供应品 | |
| 61222 | 在制品 | 1511 中所有权未确定的,归类为在制品 |

续表

| GFS 编码 | 项目 | 调整来源 |
|---|---|---|
| 61223 | 制成品 | |
| 61224 | 用于再出售的商品 | |
| 61225 | 军事存货 | |
| 613 | 贵重物品 | 150121 |
| 614 | 非生产资产 | |
| 6141 | 土地 | |
| 6142 | 地下矿藏、能源 | |
| 6143 | 其他自然资产 | |
| 61431 | 非培育性生物资源 | |
| 61432 | 水资源 | |
| 61433 | 其他自然资源 | |
| 6144 | 无形非生产资产 | 160111,160141 中相关合约、租约和许可 |
| 61441 | 合约、租约和许可 | 160111,160141 中相关合约、租约和许可 |
| 61442 | 商誉和营销资产 | |
| 62 | 金融资产 | 1001;1002;1011;1021;1212;1213;1215 |
| 6201 | 货币黄金和特别提款权 | |
| 6202 | 通货和存款 | 1001;1002 |
| 6203 | 债务性证券 | |
| 6204 | 贷款 | |
| 6205 | 股权和投资基金份额 | |

— 107 —

| GFS 编码 | 项目 | 调整来源 |
|---|---|---|
| 6206 | 保险、养老金和标准化担保计划 | |
| 6207 | 金融衍生工具 | |
| 6208 | 其他应收款 | 1011;1021;1212;1213;1215 |
| 63 | 金融负债 | 2001;2101;2201;2301;2302;2305;2401;2901 |
| 6301 | 特别提款权 | |
| 6302 | 通货和存款 | |
| 6303 | 债务性证券 | |
| 6304 | 贷款 | |
| 6305 | 股权和投资基金份额 | |
| 6306 | 保险、养老金和标准化担保计划 | |
| 6307 | 金融衍生工具 | |
| 6308 | 其他应付款 | 2001;2101;2201;2301;2302;2305;2401;2901 |
| 6 | 净值 | |

注:表中第三列调整来源中代码来自行政单位会计科目编号。

资料来源:笔者根据政府财政统计核算体系(GFSM2014)整理、调整而成。

（二）资产负债核算指标调整说明

GFS 资产负债项目调整指标主要集中在非金融资产项目,金融资产和金融负债项目调整项相对较少。具体调整情况如下:

1. 固定资产

GFS 中固定资产指生产过程中被重复或连续使用一年以上的生产

资产。其分类主要包括住宅、其他建筑和构筑物、机器和设备、武器系统、培育性生物资源、知识产权产品等。其显著特征并不在于其具备某种物理意义上的耐用性，而是它可以在一段超过一年的长时期里反复或连续地用于生产。行政单位固定资产是指使用期限超过 1 年（不含 1 年）、单位价值在规定标准以上，并在使用过程中基本保持原有物质形态的资产。单位价值虽未达到规定标准，但是耐用时间超过 1 年（不含 1 年）的大批同类物资，应当作为固定资产核算。固定资产一般分为六类：房屋及构筑物；通用设备；专用设备；文物和陈列品；图书和档案；家具、用具、装具及动植物。按照 GFS 固定资产的分类和明细科目，行政单位会计中固定资产项目作如下调整：150101 中房屋属于非住宅建筑；150101 中构筑物属其他构建物；150111 和 150112 中运输设备划归运输设备项目，其余划归到其他机器和设备；150141 中家具、用具和装具项目属于其他机器和设备，这些项目在行政单位属办公设备，而非家庭消费品。150141 中动植物属于培育资产。SNA2008 将研发支出资本化，将知识产权产品归类到固定资产项目上，更加重视创新。GFSM2014 版经过修订，与 SNA 实现一致。行政单位会计将知识产权产品归类到无形资产，因而需要将 150131、160101、160121、160131、160141 中相关知识产权产品调整到知识产权产品项目。同时，行政单位会计中公共基础设施单列资产项目，具体包括交通运输基础设施、水利基础设施、市政基础设施和其他公共基础设施，按照 GFS 分类标准，公共基础设施应划归到固定资产项下的其他构筑物。对于在建工程项目，GFS 规定在建工程是处在建设过程中的固定资产，其所有权已经转移，或者已经签订销售合同视作所有权转移，在此情形下记录为固定资产，因而将 1511 中在建工程所有权已经确定的，划归到固定资产，详细分类参照固定资产分类。

## 2. 存货

GFS 存货由货物和服务组成,持有存货的目的是用于销售、在生产中使用或者在后期作其他用途,具体包括原料和供应品、在制品、制成品、用于再出售的商品、军事存货等。行政单位会计存货是指行政单位在开展业务活动及其他活动中为耗用而储存的各种物资,包括材料、燃料、包装物和低值易耗品及未达到固定资产标准的家具、用具和装具。行政单位会计对存货的划分依据物品的耐用性和价值大小,GFS 对存货划分主要考虑是否为一次性使用。因而,将行政单位会计存货中材料、燃料、包装物和低值易耗品划归到 GFS 存货项目下,而不是使用会计的存货数据;政府储备物资是指行政单位直接储存管理的各项政府应急或救灾储备物资,政府储备物资属于存货项目,应该划归为存货;受托代理资产是行政单位接受委托方委托管理的各项资产,包括指定转赠的物资、受托储存管理的物资等。对于受托代理资产,按照存货属性,应该将受托代理资产归属于存货项目,划归为存货,属于固定资产的,划归为固定资产。行政单位中的在建工程,GFS 规定,对于所有权不能确定的,记录为存货,1511 中所有权未确定的,归类到存货项下在制品。

## 3. 贵重物品

GFS 贵重物品包括贵金属和宝石、古董与其他艺术品,以及其他贵重物品。贵重物品这一项目是为了记录那些通常被视为投资替代形式的项目。行政单位会计中没有设置贵重物品项目,但固定资产项目下文物和陈列品属于珍藏品和艺术品,应该划归为贵重物品。

## 4. 无形非生产资产

GFS 中无形非生产资产主要包括合约、租约和许可,商誉和营销资产,范围小于行政单位会计无形资产,只有土地使用权、其他无形资产中合约、租约和许可才应该调整到 GFS 中无形非生产资产,其余的属于固定资产。

5. 金融资产和金融负债

金融资产和金融负债项目调整项相对较少,主要原因在于行政单位主要资金来源于财政税收,收入与支出相对明晰,金融资产主要包括库存现金、银行存款等流动性资产,以及开展业务活动和其他活动过程中形成的债权,如应收账款、预付账款、其他应收款等,这些项目核算行政单位出租资产、出售物资等形成的债权。金融负债包括行政单位的往来账,以流动性负债为主,不存在需要还本付息的融资项目。因此,行政单位的业务活动和金融资产、金融负债特点决定了指标调整的简化。

行政单位会计流动资产涉及金融资产项目主要有库存现金、银行存款、零用额账户用款额度、财政应返还额度、应收账款、预付账款和其他应收款。库存现金和银行存款属于通货和存款。零用额账户用款额度是指实行国库集中支付的行政单位根据财政部门的用款计划收到和支用的零用额账户用款额度,财政应返还额度实行国库集中支付的行政单位应收财政返还的资金额度,二者类似,都是财政用款额度,由于行政单位是在预算管理制度下使用财政资金,用款额度多少表明可供使用的财政资金多少,但不属于通货或存款,可归类为其他应收款。应收账款、预付账款和其他应收款是行政单位开展业务活动和其他活动过程中形成的债权,统一记为其他应收款。

行政单位会计中负债项目包括应缴财政款、应缴税费、应付职工薪酬、应付账款、应付政府补贴款、其他应付款、长期应付款、受托代理负债等,这些项目实质是行政单位的往来账,按照 GFS 金融负债分类,统一记为其他应收款。

### 6. 其他项目调整

（1）固定资产折旧与固定资本消耗比较与调整

行政单位会计中固定资产折旧指固定资产在使用过程中逐渐消耗而转移的那部分价值，不仅包括生产过程中的有形消耗，还包括技术进步、生产效率提高造成的无形损耗。GFS 中固定资本消耗是指核算主体所拥有的固定资产在核算期期初期末之间由于固定资产物质损耗以及正常陈旧和意外损坏率而引起的价值下降。固定资产折旧和固定资本消耗存在着较大差异。首先，计算起点和方法不同。固定资产折旧以固定资产的原始成本计算，应折旧金额在其使用寿命内系统分摊；固定资本消耗以固定资产的市场价格进行计算，参照价格以固定资产的平均价格来衡量。其次，计算范围不一致。GFS 固定资产的范围与行政单位会计固定资产的范围有较大差异，GFS 固定资产范围更大，还包括行政单位会计无形资产中的知识产权产品。最后，二者反映的时间性不同。固定资产折旧是分摊过去固定资产的购置成本，是对过去成本的分摊；固定资本消耗是根据固定资产市场价进行计算，考虑的是将来。

从固定资产折旧和固定资本消耗的比较来看，二者在计算起点、计算范围、反映时间性上存在着较大差异，计算范围调整直接按照固定资产指标调整方法，将知识产权产品列入固定资产核算范围，涉及其他调整，参照固定资产指标调整。重点调整在计算起点，固定资产折旧是固定资产购置成本按照使用年限系统分摊，固定资本消耗则是按照固定资产市场价值提取。因而，难以根据行政单位会计资产负债表中的累计折旧数据直接进行调整，但可以根据资产的平均使用年限和生产效率下降模式，对固定资本消耗进行估计。平均使用年限和生产效率下降模式可以参考会计数据，固定资产的市场价值则是采用估价法，具体在价格调整中详细介绍。同时,行政单位会计资产负债表中,对于固定资产项目,既有固定资产原值、累计折旧,还有固定资产净值,但在 GFS 资产负债表中,固定资产金额仍然是其市场价,并未反映资产在使用期间的消耗问题,不能反映资产的真实价值,会高估行政单位的资产、净资产以及抵御债务风险的能力,因此,在对固定资本消耗金额调整的同时,也将该项目加入 GFS 资产负债表中,作为减项,反映行政单位资产的真实价值。

无形资产摊销是指在无形资产使用寿命内,按照确定的方法对应摊销金额进行系统分摊,通常行政单位采用年限平均法,根据历史成本计提无形资产摊销。考虑到行政单位会计中无形资产只有合约、租约和许可、商誉和营销资产才归属 GFS 的无形非生产资产,但这两类无形非生产资产并未进入生产过程,因而无须计提摊销或消耗,故而不使用无形资产摊销会计数据。

(2)待处理财产损溢

待处理财产损溢是指行政单位处理资产而发生的资产盘盈、盘亏和毁损的价值。行政单位财产的处理包括资产的出售、报废、损毁、盘盈、盘亏,以及货币性资产损失核销等。待处理财产损溢在行政单位会计中反映行政单位财产处理损益情况,在年终结账前应进行账务处理完毕,一般无余额,如在出售资产时的账务处理,会计记录为借记"库存现金",贷记"待处理财产损溢",因而这一项目在指标调整时无须考虑。

(3)净资产与净值

资产减去负债,行政单位会计将其定义为净资产,GFS 则是定义为净值,净资产包括财政拨款结转、财政拨款结余、其他资金结转结余、资产基金和待偿债净资产等项目,GFS 净值包括非金融资产和金融资产净值,虽然二者包含的项目名称不一致,但行政单位不涉及股票和其他权益投资的处理,故而从行政单位的角度看,GFS 净值和行政单位会计净资产的实质是一致的,属于同一个概念,都表示行政单位的净财富。

## 二、行政单位会计资产负债与 GFS 资产负债核算范围调整

行政单位会计中,对于部分非生产资产未经过交易活动,没有在行政单位资产负债表中予以确认,这部分资产包括土地、文物古迹等。GFS 对资产的确认与 SNA 一致,反映资产所有者在一段时间内通过持有或使用该实体所生成的一次性或连续性经济利益。对于土地、文物古迹这些资产,都是经济资产,按照 GFS 标准,应当在 GFS 资产负债表中予以确认。但这些资产的法律所有权归属政府,行政单位是政府活动的具体执行部门,通常这些未经过交易活动的非生产资产由行政单位进行直接管理,通过这些资产获取的收益上交政府,并通过财政资金等进行管理、维护,实质上把承担在经济活动中使用这些资产相关风险的责任和获取相关收益的权利转交给经济所有者——行政单位,这样产生了法律所有权和经济所有权分离的问题,不能在一张资产负债表中体现。虽然对于行政单位来说,这些未经过交易活动的非生产资产,应当在 GFS 资产负债表中予以确认,在行政单位会计资产负债表转换为 GFS 资产负债表时,需要将这部分资产纳入资产负债表中,但由于法律所有权和经济所有权的分离,使得这些资产在行政单位资产负债表中难以体现。

对于法律所有权和经济所有权的分离造成土地、文物古迹等资产不能在资产负债表中体现的问题,如果将政府土地等资产的法律所有权主体即政府视作一个机构单位,而各级行政单位看作这个机构单位

中的基层单位,它们有权使用这个机构单位拥有的资产开展活动。基层单位作为资产负债表的编制主体,而机构单位是报告主体,将基层单位的资产负债表统一,合并成为报告主体的资产负债表,这样可以解决上述资产的法律所有权和经济所有权分离问题,将行政单位会计中未纳入核算的未经过交易活动非生产资产涵盖在内。

因此,在行政单位会计资产负债表转换为 GFS 资产负债表时,需要利用将资产统一在一个"机构单位"的构想,调整行政单位会计资产负债核算中尚未被纳入的资产范围,将其加入对应的资产类别中。此外,这些未经过交易活动的非生产资产,还需要进行重新估价,涉及估价和价格调整问题,将在价格调整部分进行阐述。

## 三、行政单位会计资产负债与 GFS 资产负债核算价格调整

### (一) 资产负债表记录基础

行政单位会计通常按历史成本记录资产负债项目,在一定程度上是为了保持完全客观性。历史成本核算要求对生产中所使用的货物或资产按照获得时的实际支出估价,不管支出发生时间。历史成本记录在币值稳定时期,存在具有客观性的优点,但在币值不稳定时,与资产、负债相联系的通货膨胀率、利率、汇率等,都会影响到其价格变动,且资产、负债是在历史各个时期累积形成,不同时期价格差异较大,不能直接相加或比较,也会造成账面价值和实际价值严重背离,从而影响决策。GFS 资产负债表沿用 SNA 的规定,记录的基础是市场价值。它是借助于经济学机会成本的概念,即在某一特定生产过程中使用或耗尽的某些现有资产或货物的成本,通过将这些资产或货物以其他方式使用时能够获取的收益来衡量。机会成本是以在使用资产或资源时放弃的机会为基础来进行计算,不同于为获得该资产或货物而发生的成本。

机会成本核算最切实际的近似值是现期成本核算,也即现期市场价格。市场价格能够将不同历史时期的价格统一在某一时点上,客观反映资产负债的价格,克服历史成本记录的缺点。因此,在编制 GFS 资产负债表时,需要对行政单位会计资产负债表历史成本记录的项目,重新按照现期市场价格进行估价。

### (二) 现期市场价格

现期市场价格是市场上买卖形成的价格,是通过市场观察可以得到的价格,此外,通过估计积累交易获得的价值(也即重置价格)和未来预期收益的现值也可作为近似的现期价格。

#### 1. 市场上观察到的价格

市场上能够观察的价格是衡量资产负债价值最理想的途径,也即通过现期市场价格对资产负债进行估价。这里的现期市场价格主要有两种形式:真实的现期市场价格和估计的现期市场。前者是指某一资产负债在市场交易中买卖的实际价格,后者是指该资产负债在市场上未形成实际交易活动,而是通过比较需要估算的资产负债,采用相关联的方式,与其他同类资产负债的市场价格相比较来确定被估算资产的价值。现行市场价格在对资产进行估价时,并非指单个资产的现期市场价格,而是指同类资产的所有市场交易价格的平均价格。

#### 2. 重置价格

重置价格是通过用现行市场价格重新估计过去积累交易形成的价格。重置价格可分为复原重置价格和更新重置价格,前者是指以现行市场价格去购建与原资产形成时所用材料、技术相同的同样全新资产所需的成本价格;后者是指以现行市场价格,但用新的材料、技术等购建与原资产类似或者具有同等功能资产所需的成本。由于复原重置价格需要资产原始的材料和技术,在实际估价操作上难度较高,可用性不强,在进行估价时更多采用更新重置价格。

3. 未来预期收益的现值

未来预期收益的现值又称净现金流现值,它是根据资产预计在未来获得经济利益进行贴现估算出资产的价值。运用预期收益贴现进行估价的原理在于,资产的购买方支付资产的价格不会超过其通过资产获取收益进行贴现,累加得到的最高价,也是买方购买资产预期获利的最低要求,因而通过收益贴现获取的价格买卖双方达成一致的价格,可以看成近似的市场价格。未来预期收益现值法的计算公式为:

$$P_n = \sum_{t=n}^{T} \frac{I(t)}{(1+r)^{t-n}}$$

其中,$P_n$ 表示资产的未来使用年限 $n$ 的价格,$I(t)$ 表示该资产获得的现金流,$r$ 为资产的贴现率,$T$ 表示资产的退役时间。

上述三种价格是对资产负债估价获取市场价值的有效途径,还有许多与之相匹配的估价方法,如价格指数法、永续盘存法等。运用现期市场价格进行估价的一个重要前提是有实际市场或者同类市场存在,才能运用观察或估计的方法获取现期市场价格。

## (三) 行政单位资产、负债项目估价方法选择

### 1. 行政单位非金融资产项目估价方法选择

(1)房屋

行政单位房屋主要是供行政单位进行政府活动或提供公共服务的场所,一般指行政办公大楼或办公场所。对于这类资产,很难在实际市场上观察到交易价格,只能通过同类资产价格对行政单位房屋进行估算。为获得行政单位房屋的市场价格,主要有两种途径:其一,通过重

置价格估价。行政单位房屋是自行建造的,通过资产重新建造可以获得该资产的重置价格,即通过估算现时建造某一行政单位房屋所花费的各种成本得到其价值,该价值近似现行市场价格,使用该方法的难点在于很难获取房屋建筑材料、造价规划等的数据。其二,使用租金法估价。我国目前大部分行政单位建造办公大楼,但也存在着小部分行政单位租用商用大楼办公,租金来源于财政资金。假设某一行政单位将建造的办公大楼出租获得租金,相当于该资产的预期收益,将该资产在未来服务期(一般建筑使用期 40 年,减去已经使用的年限得到未来服务期)内获得的所有租金进行贴现,贴现率通常为国债利率,租金的贴现值总和近似于该资产的成本价格,只有达到此价格,政府才愿意出租,否则政府宁可自己使用,因而可通过租金法进行贴现获得行政单位房屋的市场价格,具体估价可采用未来预期收益贴现法,计算公式为:

$$P_h = \sum_{t=n}^{T} \frac{rent(t)}{(1 + r_c)^{t-n}}$$

其中,$P_h$ 表示房屋的估价,$rent(t)$ 表示该租用房屋需支付的租金,$r_c$ 为 5 年期的国债利率,$T$ 表示房屋的退役时间。

(2)构筑物和公共基础设施

行政单位的构筑物和公共基础设施主要指除房屋以外的建筑物,包括交通运输设施、水利基础设施、市政基础设施和其他公共基础设施等。这些资产是由政府通过财政资金投资形成的,部分由民间资本投资建造、政府购买(如 PPP 项目),它们由行政单位直接管理,主要功能是向公众提供公共服务。按照资产提供的服务价格可将这些资产分为免费服务价格和收费服务价格共两类。对于收费类公共基础设施,如高速公路、机场等,通过提供服务获取一定的经济收益,这类资产可通过未来预期收益的现值途径对资产进行估价。对于提供免费服务的公共基础设施,如城市道路等,可采用重置成本法或者价格指数调整法。价格指数调整法是比较切实可行的方法,利用固定资产投资价格指数,把历年新增的公共基础设施价值换成估价时期的市场价格,扣除历年的折旧或消耗的市场价值,得到现期公共基础设施的市场价格。公共基础设施建设投资额、使用年限、折旧率等数据来源于会计记录,固定资产投资价格指数来源于统计局每年公布的数据,通过价格指数调整,可以得到公共基础设施市场价格的近似值。价格指数调整法估价的具体计算为:

**表 4-3　基础设施价值连续估价法**

| | 第 1 年 | 第 2 年 | 第 3 年 | …… | 第 n 年 | 合计 |
|---|---|---|---|---|---|---|
| 基础设施建设投资额 | $I_1$ | $I_2$ | $I_3$ | …… | $I_n$ | |
| 固定资产投资价格指数（上一年 100%） | $P_1$ | $P_2$ | $P_3$ | …… | $P_n$ | |
| 基础设施投资价值（按第 n 年价格计算） | $I_{p1}=I_1*P_2*P_3*...*P_n$ | $I_{p2}=I_2*P_3*P_4*...*P_n$ | $I_{p3}=I_3*P_4*P_5*...*P_n$ | …… | $I_{p1}=I_n$ | |
| 基础设施成新率 | $1-\delta_1$ | $1-\delta_2$ | $1-\delta_3$ | …… | $1-\delta_n$ | |
| 基础设施估价（按第 n 年价格计算） | $I_{p1}*(1-\delta_1)$ | $I_{p2}*(1-\delta_2)$ | $I_{p3}*(1-\delta_3)$ | …… | $I_{pn}*(1-\delta_n)$ | $\Sigma$ |

根据表 4-3 提供的基础设施价值连续估价法,将每年的基础设施估价(按第 n 年价格计算)合计,得到最终基础设施价值,即基础设施的估价,其中,基础设施成新率用扣除折旧后的残值率代替,$\delta_i$ 代表第 i 年基础设施投资的折旧率,折旧率可采用平均年限法、双倍余额递减法或年数总和法。价格指数调整法实质是永续盘存法的变形,永续盘存

法核算资本存量等于期初资本存量加上本期新增资本形成,再扣除资本消耗,价格指数调整法则是假定期初资本价值为零,从第一年开始直接形成新的投资。

(3)机器设备、培育资产和存货

机器设备包括运输设备、ICT设备和其他设备,培育资产指能重复提供产品的动植物资源和能重复产果的林木、庄家和植物资源,存货包括原料、供应品、在制品、战略性储备、用于出售的商品等。可将机器设备、培育资产和存货归为一类进行估价,原因在于这类资产在市场上容易观察到市场价格,可采用观察到的市场价格或重新购置资产价格方法进行估价,而对于将尚未转移所有权的在建工程项目视作在制品,其估价方法则需采用重置成本法。

(4)知识产权产品

GFS中知识产权产品包括研究和开发的成果、矿藏勘探和评估、计算机软件和数据库以及娱乐、文学或艺术品原件,其主要特征是靠脑力劳动形成产品价值。针对计算机软件和数据库以及娱乐、文学,因其在市场上有出售,可选择市场上观察的价格或者预期利益贴现法进行估价;研究和开发的成果、矿藏勘探和评估等通过投资等形成的,可采用重置成本法;对于艺术品原件,如市场上存在实际价格,则用实际价格代替估价,如没有,则可采用保险估价。

(5)土地

本书土地主要指建筑物或公共基础设施下的土地,GFS规定的土地是指地面本身,包括覆盖的土壤、相关的地表水等,但不包含在土地上或穿越土地建造的建筑物和其他构筑物(如道路、办公大楼等)、地下资产,以及其他培育性和非培育性生物资产等。由于土地本身无法或很难与地面建筑物分离,对于土地的估价,只能通过对比同类土地售价或其他方式进行比较估价。

第一种方法特征价格法。观察位置相连或靠近的土地价格,使用影响土地价格的因素,如交通、人口密度、位置、是否处在学区房位置等等,估计土地价格,具体计算如下:

$$\ln V = \sum B_i * \ln X_i + \varepsilon_i$$

其中,$V$ 表示土地的价格,$X$ 表示影响土地价格的因素(交通、人口密度、位置、是否处在学区房位置、政府土地供应量等),$\varepsilon_i$ 代表随机误差项,通过回归分析,可以计算出土地的价格。

第二种是通过重置成本法计算构筑物的价值,使用价值比率,估计土地价值占其建筑物价值的比重获得价格。

第三种是从土地和建筑物的共同市场价值减去建筑物的当期重置成本得到土地估价。

(6)历史建筑

历史建筑属于固定资产项下建筑物,由于历史建筑建成时间长且具有文化背景特色,很难对其进行估价。建议将历史建筑分为两种:免费观光的历史建筑和收费的历史建筑。前者可通过支付意愿法,根据调查居民支付意愿,对其进行估价,或者是采用保险资产评估估价;后者可通过预期收益贴现,获得近似的市场价格。

(7)固定资本消耗

固定资本消耗和固定资产折旧最大的区别在于二者使用的价格基础不一致,前者是根据市场价格提取固定资本消耗,后者是用固定资产原始价格即历史成本分摊折旧,因而固定资本消耗的估价主要根据固定资产的市场价格,提取消耗金额,上文中已经针对不同的固定资产,提出不同的估价方法估算市场价格,再利用会计中固定资产的使用期限数据或者是国际上通用的针对不同固定资产的折旧率,提取固定资本消耗。

## 2.行政单位金融资产、负债项目估价方法选择

由于行政单位金融资产、金融负债较为简单,转换为 GFS 指标主要包括通货和存款、其他应收款和其他应付款,这些资产、负债估价可采用其面值或者合同价格。

综上分析,针对行政单位会计资产负债表在转换 GFS 资产负债表存在的问题,从指标调整、范围调整和价格调整三个方面来解决,得到行政单位 GFS 资产负债调整表,见表4-4。

**表4-4 行政单位 GFS 资产负债调整表**

| GFS 编码 | 项目 | 调整来源与项目 | 估价方法选择 |
|---|---|---|---|
| 1 | 资产 | | |
| 61 | 非金融资产 | | |
| 611 | 固定资产 | 150101 房屋;150101 构筑物;1802;1511 中在建工程所有权已经确定的,划归到固定资产,详细分类参照固定资产分类;150111 和 150112 中运输设备;150111、150112(运输设备除外)、150141 中家具、用具和装具(属办公设备) | |
| 6111 | 建筑物和构筑物 | | |
| 61111 | 住宅 | | |
| 61112 | 非住宅建筑 | 150101 房屋,GFS 中规定的历史建筑等 | 重置价格法、租金贴现法;对于历史建筑,可用支付意愿法、预期收益现值法 |

| GFS 编码 | 项目 | 调整来源与项目 | 估价方法选择 |
|---|---|---|---|
| 61113 | 其他构建物 | 150101 构筑物；1802 | 预期收益现值法、重置成本法或者价格指数调整法 |
| 61114 | 土地改良 | | |
| 6112 | 机器和设备 | | |
| 61121 | 运输设备 | 150111 和 150112 中运输设备 | 市场观察价或重置成本法 |
| 61122 | 其他机器和设备 | 150111、150112（运输设备除外）；150141 中家具、用具和装具（属办公设备） | 市场观察价或重置成本法 |
| 6113 | 其他固定资产 | 150141 中动植物；150131、160101、160121、160131、160141 中相关知识产权产品 | |
| 61131 | 培育资产 | 150141 中动植物 | 市场观察价或重置成本法 |
| 61132 | 知识产权产品 | 150131、160101、160121、160131、160141 中相关知识产权产品 | 除市场观察价或重置成本法外，重置成本法、保险价格 |
| 6114 | 武器系统 | | |
| 612 | 存货 | 1301 中除家具、用具和装具外的存货；1801，具体详细分类参考存货分类；1901；1511 中所有权未确定的,归类为在制品 | 市场观察价或重置成本法 |
| 61221 | 原料和供应品 | | |
| 61222 | 在制品 | 1511 中所有权未确定的,归类为在制品 | 重置成本法 |
| 61223 | 制成品 | | |

| GFS 编码 | 项目 | 调整来源与项目 | 估价方法选择 |
|---|---|---|---|
| 61224 | 用于再出售的商品 | | |
| 61225 | 军事存货 | | |
| 613 | 贵重物品 | 150121 | |
| 614 | 非生产资产 | | |
| 6141 | 土地 | GFS 规定的土地 | 特征价格法、价格比率和土地建筑共同价值扣除建筑物重置成本法 |
| 6142 | 地下矿藏、能源 | | |
| 6143 | 其他自然资产 | | |
| 61431 | 非培育性生物资源 | | |
| 61432 | 水资源 | | |
| 61433 | 其他自然资源 | | |
| 6144 | 无形非生产资产 | 160111、160141 中相关合约、租约和许可 | |
| 61441 | 合约、租约和许可 | 160111、160141 中相关合约、租约和许可 | 市场观察价格 |
| 61442 | 商誉和营销资产 | | |
| 62 | 金融资产 | 1001；1002；1011；1021；1212；1213；1215 | 面值或合同价值 |
| 6201 | 货币黄金和特别提款权 | | |

续表

| GFS 编码 | 项目 | 调整来源与项目 | 估价方法选择 |
|---|---|---|---|
| 6202 | 通货和存款 | 1001；1002 | |
| 6203 | 债务性证券 | | |
| 6204 | 贷款 | | |
| 6205 | 股权和投资基金份额 | | |
| 6206 | 保险、养老金和标准化担保计划 | | |
| 6207 | 金融衍生工具 | | |
| 6208 | 其他应收款 | 1011；1021；1212；1213；1215 | |
| 63 | 金融负债 | 2001；2101；2201；2301；2302；2305；2401；2901 | 面值或合同价值 |
| 6301 | 特别提款权 | | |
| 6302 | 通货和存款 | | |
| 6303 | 债务性证券 | | |
| 6304 | 贷款 | | |
| 6305 | 股权和投资基金份额 | | |
| 6306 | 保险、养老金和标准化担保计划 | | |

| GFS 编码 | 项目 | 调整来源与项目 | 估价方法选择 |
|---|---|---|---|
| 6307 | 金融衍生工具 | | |
| 6308 | 其他应付款 | 2001;2101;2201;2301;2302;2305;2401;2901 | |
| 6 | 净值 | | |

注:表中第三列调整来源中代码来自行政单位会计科目编号。

# 本 章 小 结

政府资产、负债是政府资产负债表重要组成部分,研究政府资产、负债范围对于完善政府资产负债表的编制理论具有重要意义。在政府资产范围界定上,通过对微观核算体系和宏观核算体系中资产的定义进行比较分析发现,资产的定义不仅和资产主体的目标、功能有关,还与编制资产负债表的目的、目标相关。在此基础上,根据政府的功能定位和编制政府资产负债表的目的对政府资产进行定义。结合政府在经济活动中的作用,将政府资产界定和划分为行政事业单位占有使用资产、公益性资产、政府投资资本和资源性资产四类。最后讨论 PPP 项目是否为政府资产以及其记入政府资产方式。在政府负债范围界定上,从政府负债的定义、债务与负债的区别和联系、或有负债等进行辨析,在此基础上,对不同核算体系负债项目进行比较,界定本书的政府资产范围和分类。

# 第五章　公共公司资产负债核算方法

政府的第二个职能为生产职能,为公众提供公共产品和服务。政府介入生产领域,一般通过创建公共公司或者委托其他公司,共同特点表现为受政府控制,因而,公共公司的生产活动实质是政府经济活动的延伸,属于准财政活动。生产活动必然会依赖资产、负债,也会产生新的资产、负债,本章拟对公共公司的资产负债形成和核算方法展开研究。

## 第一节　公共公司资产负债的形成

公共公司的主要职能是作为生产者,为公众提供公共产品和服务。从公共性的角度看,它提供公共产品,受到政府的控制,本书将其划分到政府范围;从生产的角度看,它又是一个生产者,与企业的特点一样,因而这两方面特征决定了公共公司资产负债的形成。

### 一、公共公司的职能和范围

（一）公共公司的职能

政府除了拥有管理者职能外,还是重要的生产者,它为公众提供公共产品和服务,一方面满足公众的需求,另一方面弥补市场机制的缺陷。但政府并不表现为直接进行生产公共产品,而是通过组织生产和为生产提供资金。SNA2008 中提到,政府单位希望介入生产领域有三种选择,分别为:创建一个公共公司,该公司之诸如定价和投资等公司政策由政府控制;创建一个受政府控制的非营利机构;通过一个为政府所拥有但没有脱离政府单位而成为独立法律实体的基层单位,生产货物或服务。第二种中的政府控制的非营利机构应该属于广义政府范围,第三种是准公司,在分类、部门和子部门归并上,都采取与公共公司一样的处理方式。因此,政府主要通过公共公司来进行生产公共产品。

公共公司是代替政府行使生产职能,为公众提供公共产品和服务。公共公司与一般公司、企业一样,是一个法律实体,目的为市场提供货物和服务,根据其从事的经济活动和功能的差异,可以将其划分为金融公共公司和非金融公共公司,金融公司的主要职能是在资金需求和供给中充当中介,非金融公共公司主要生产货物和服务。同时,公共公司又具有公共性,具体表现为受政府控制,由一个政府单位对该公司的战略目标相关的财务和运营方面关键政策加以控制,执行政府的准财政活动,提供公共产品和服务。

## (二) 公共公司的范围

公共公司的主要特征是受政府控制,SNA2008 将政府控制列出八个标志供判断:控制大多数有投票意愿者;控制董事会或其他主管团体;控制关键人员的任免;控制实体中关键的委员会;黄金股和股权;管制和控制;以大客户身份实施控制;通过政府借款实施控制。可以通过这八个标志中的一个或几个综合判断是否受到政府控制。

前文对政府范围划分已经讨论过,公共公司的划分依据为是否受到政府控制。我国的公共公司主要包括受政府控制的企业型事业单位、公益二类事业单位、非金融公共公司、金融公共公司等。这些公共公司具有营利性和公共性双重特征,营利性体现为追求国有资产的保值增值,公共性体现为为了实现国家调控经济的目标,行使政府公共职能。

## 二、公共公司资产负债的形成

### (一)公共公司的生产与资产负债

公共公司作为生产者,从事生产活动,是市场经济重要的参与者。公共公司的经济活动从生产开始,通过生产获得产品和服务,在生产过程中,劳动者提供劳动,政府提供宏观环境和管理,需要对劳动者和政府等进行分配劳动报酬和税收等,还有外部的分配,形成公共公司的收入与支出,最终形成企业的未分配利润。公共公司需要进行再生产,进行新的投资活动,购买生产所需要的产品和服务,在此过程中,还需要在金融市场中筹集资金,投资的结果是增加企业资产,扩大生产规模,开展新一轮的生产经营活动。公共公司的整个生产运转过程与社会再生产过程完全一致,从生产出发,经过分配、流通、积累等环节,返回到生产,重新进行新一轮的生产。

公共公司经济活动从生产开始,生产是起点,生产产品和服务需要投入,包括有形的投入和无形的投入,有形投入中机器、厂房设备等形成了企业的固定资产;通过生产,企业获得经营成果包括产品和服务,进入分配环节,要素参与者获得分配,劳动者获得劳动报酬,资本获得使用收益,政府获得税收,同时,固定资产在生产过程中经过消耗、磨损等,需要进行补偿,同时企业还有外部分配如政府的补贴等,最终通过分配形成企业的未分配利润。要保证生产的持续性和扩大生产规模,通过未分配的利润进行投资,也可通过金融市场的筹集资金增加投资,投资导致企业资产增加,通过金融市场的筹集资金使得企业的负债增加,进入新一轮生产。归结公共公司的社会再生产环节,可以看出也是公共公司资产转移、补偿、新增的循环过程。

### (二) 公共公司资产负债核算与国民经济核算关系

#### 1. 公共公司生产运营与国民经济核算关系

公共公司的生产运营过程经过生产、分配、使用和积累,最终回到生产环节,形成新的生产循环过程,这一循环过程被称为社会再生产。国民经济核算是以社会再生产为主线,从生产环节开始,生产产品的同时也创造价值收入,收入通过生产要素市场进行初始分配和再分配进入交换环节,使生产消费品部门得到价值补偿,剩余收入形成储蓄,通过金融市场流向投资部门,投资部门通过把这些资金用于生产资料市场的交换进行投资,流回生产环节,使生产部门生产的投资品得到价值补偿,这样实现了经济运行的大循环。SNA 核算经济循环中生产、收入、分配、使用的总量。对于生产起点的资产负债,属于期初存量核算,在经济循环中形成流量,也即通过生产账户、收入形成账户、分配账户、积累账户核算社会再生产环节中的经济活动,通过期初存量核算和经济循环中流量核算,获得最终的期末存量,也即下一期生产期初存量。

#### 2. 公共公司经济账户

企业的生产经营活动过程与国民经济核算的内容相对应,通过生产账户、收入分配形成账户、储蓄投资账户、资产负债账户等来核算公共公司经济活动的流量和存量,具体来说:

公共公司生产账户:反映一定时期内公共公司生产经营过程中投入与产出的情况,还包括增加值的初始分配状况。总产出作为来源方记录在账户的右方,中间消耗作为使用方记录在账户的左方,增加值作为平衡项,记录在账户左方,增加值是总产出与中间消耗的差额。

公共公司收入分配账户:该账户一方面反映公共公司在增加值的基础上通过初次分配和再分配形成的可支配收入,还反映企业对收入的使用过程。账户右方记录公共公司的收入形成,包括作为平衡项的增加值、财产收入、经济转移收入,账户左方记录公共公司的收入使用,包括劳动报酬、生产税净额、财产收入支付和其他转移支付等,通过收入形成和使用,得到公共公司的结余,作为收入分配账户的平衡项,记录在账户左方。

公共公司储蓄与投资账户:反映公共公司的非金融投资活动,公共公司通过金融市场的参与筹集资金进行投资。账户右方来源项从公共公司收入分配账户的平衡项结余开始,相当于储蓄,还包括折旧、政府补贴、其他资本净转移,使用方主要包括非金融投资活动,如固定资产购买、存货增加,还包括金融资产的净增加。

公共公司资产负债账户:反映公共公司所拥有的经济存量,账户左方记录公共公司的资产,包括非金融资产和金融资产,右方记录企业承担的债务和外部产权权益,平衡项为企业净资产。

通过经济循环各账户和资产负债账户完整记录了公共公司生产经营活动的流量和存量,具体见表5-1和5-2。

表5-1 公共公司综合经济循环账户

| | 使用 | 交易与平衡项 | 来源 |
|---|---|---|---|
| 生产账户 | | 总产出<br>中间消耗<br>产品税<br>产品补贴 | |
| | | 增加值 | |

| | 使用 | 交易与平衡项 | 来源 |
|---|---|---|---|
| 收入形成账户 | | 增加值<br>雇员报酬<br>生产税与进口税<br>生产补贴<br>营业盈余 | |
| 初始收入<br>分配账户 | | 营业盈余<br>雇员报酬<br>生产税与进口税<br>生产补贴<br>财产收入<br>初始收入总额 | |
| 收入再<br>分配账户 | | 初始收入总额<br>经常转移<br>所得税、财产税等经常税<br>净社会缴款<br>实物社会转移以外的社会福利<br>其他经常转移<br>可支配收入总额 | |
| 可支配收入<br>使用账户 | | 可支配收入总额<br>养老金权益变化调整<br>总储蓄 | |
| 资本账户 | | 总储蓄<br>资本转移净额<br>固定资产形成总额<br>固定资本消耗<br>存货变化<br>贵重物品净获得<br>非金融资产净获得<br>净借出(+)/净贷入(-) | |
| 金融账户 | | 净借出(+)/净贷入(-)<br>通货和存款<br>股票以外的证券<br>贷款<br>股票与其他产权<br>保险专门准备金<br>其他应收款项 | |

表 5-2 公共公司资产负债表

| 账户 | 期初存量 | 净资本形成 | 金融交易 | 资产其他物量变化 | 重估价 | | 期末存量 |
|---|---|---|---|---|---|---|---|
| | | | | | 中性持有收益 | 实际持有收益 | |
| 总资产 | | | | | | | |
| 非金融资产 | | | | | | | |
| 生产资产 | | | | | | | |
| 固定资产 | | | | | | | |
| 建筑物和构筑物 | | | | | | | |
| 住宅 | | | | | | | |
| 非住宅建筑 | | | | | | | |
| 其他构建物 | | | | | | | |
| 土地改良 | | | | | | | |
| 机器和设备 | | | | | | | |
| 运输设备 | | | | | | | |
| 其他机器和设备 | | | | | | | |
| 其他固定资产 | | | | | | | |
| 培育资产 | | | | | | | |
| 知识产权产品 | | | | | | | |
| 武器系统 | | | | | | | |
| 存货 | | | | | | | |
| 原料和供应品 | | | | | | | |
| 在制品 | | | | | | | |
| 制成品 | | | | | | | |
| 用于再出售的商品 | | | | | | | |
| 军事存货 | | | | | | | |
| 贵重物品 | | | | | | | |
| 非生产资产 | | | | | | | |
| 土地 | | | | | | | |

| 账户 | 期初存量 | 净资本形成 | 金融交易 | 资产其他物量变化 | 重估价 | | 期末存量 |
|---|---|---|---|---|---|---|---|
| | | | | | 中性持有收益 | 实际持有收益 | |
| 地下矿藏、能源 | | | | | | | |
| 其他自然资产 | | | | | | | |
| 非培育性生物资源 | | | | | | | |
| 水资源 | | | | | | | |
| 其他自然资源 | | | | | | | |
| 无形非生产资产 | | | | | | | |
| 合约、租约和许可 | | | | | | | |
| 商誉和营销资产 | | | | | | | |
| 金融资产 | | | | | | | |
| 货币黄金和特别提款权 | | | | | | | |
| 通货和存款 | | | | | | | |
| 债务性证券 | | | | | | | |
| 贷款 | | | | | | | |
| 股权和投资基金份额 | | | | | | | |
| 保险、养老金和标准化担保计划 | | | | | | | |
| 金融衍生工具 | | | | | | | |
| 其他应收款 | | | | | | | |
| 金融负债 | | | | | | | |
| 货币黄金和特别提款权 | | | | | | | |
| 通货和存款 | | | | | | | |
| 债务性证券 | | | | | | | |
| 贷款 | | | | | | | |
| 股权和投资基金份额 | | | | | | | |

续表

| 账户 | 期初存量 | 净资本形成 | 金融交易 | 资产其他物量变化 | 重估价 | | 期末存量 |
| --- | --- | --- | --- | --- | --- | --- | --- |
| | | | | | 中性持有收益 | 实际持有收益 | |
| 保险、养老金和标准化担保计划 | | | | | | | |
| 金融衍生工具 | | | | | | | |
| 其他应付款 | | | | | | | |

# 第二节　公共公司资产负债核算方法

公共公司生产经营活动是国民经济核算的重要内容,公共公司资产负债核算,微观层面上属企业会计核算,宏观层面上属部门资产负债核算,归入国民经济核算范畴。二者都是围绕公共公司的生产经营活动展开核算,原则上只需将微观数据合并汇总便可得到宏观层面核算表,如公共公司资产负债表,然而二者在目的、内容、方法等方面存在差异,很难通过微观数据直接获得宏观层面的资产负债表,因此,本节将从宏微观整合的角度,研究公共公司资产负债核算方法,便于编制公共公司资产负债表。

## 一、公共公司资产负债中会计核算和国民经济核算比较

（一）比较之相同点

1. 核算目标相同

公共公司会计核算和宏观核算都是对企业的生产经营活动展开核

算,都为管理决策者提供信息。会计核算基于受托责任,需向投资人、股东、管理者、政府等信息使用者提供企业经营活动信息,便于信息使用者决策。宏观核算主要是为宏观经济决策和政策制定者提供必要的决策信息。资产负债表反映公共公司的经营结果,是管理决策者进行决策的重要依据。

### 2. 核算对象具有一致性

公共公司宏观核算借鉴和考虑微观主体需要,针对生产经营活动设置收入形成、分配账户,与会计核算中营业利润和总利润相对应。公共公司会计核算是宏观核算的重要组成部分和基础。

### 3. 记录方式相同

公共公司会计核算和宏观核算都采用权责发生制记录,凡是本期实际发生的权益和债权债务的变化都作为本期的实际交易加以核算。权责发生制可以真实反映本期经济活动的投入产出和资产负债的变化。

因而从核算目标、核算对象、记录方式等方面,公共公司会计核算和宏观核算存在相同点,为二者的整合研究提供条件。

### (二) 比较之不同点

### 1. 核算内容不一致

公共公司会计核算是从资金的角度对企业生产经营过程及成果进行核算,核算内容与企业经营管理密切相关,资产负债表是反映公共公司经营成果的方式之一。宏观核算是按生产原则,计算本期的生产成果,凡本期生产成果,不论是否销售均应加以核算,宏观核算编制的公共部门资产负债表更多反映的是公共部门的生产能力以及承担的债务风险。

## 2.估值方法不同

会计核算中主要是按照历史成本记录,基于谨慎性的原则,其估值方法主要是根据历史成本进行。宏观核算则是基于机会成本的原则,根据市场价格进行估值。因而根据两种估值方法编制的公共部门资产负债表数量上将存在较大差异。

## 3.核算资料来源不同

公共公司作为企业,其核算资料是基层经济单位中最为完整的。企业会计核算的数据来源主要来源于企业的交易记录,通过原始凭证呈现。而国民经济核算主要是通过普查和抽样调查活动。其中,普查的数据较为详细和准确,但只有在普查年份才能获得,抽样调查存在于非普查年份,通过搜集获得数据。对于公共公司来说,主要是通过基层统计报表来获得企业的信息。

由于公共公司会计核算和宏观核算在核算内容、估值方法和核算资料来源等方面存在较大差异,使得在编制宏观的公共公司资产负债表不能简单地将微观会计数据合并汇总,而是需要一个整合过程。

## 二、公共公司资产负债期初存量核算方法

编制公共公司资产负债表有直接法和间接法两种,直接法就是通过对公共公司进行调查直接获得公共公司的资产负债数据编制资产负债表,间接法是利用公共公司会计核算数据,运用国民经济核算原理和指标,对会计数据调整、转换、归并等。从存量和流量的角度看,公共公司期末资产负债存量由期初资产负债存量和核算期内资产负债变化量相加而成,对于期初资产负债存量核算,将采用间接法,利用企业会计数据编制,原因在于一方面直接法是通过调查获取资产负债数据,成本

高,费时费力,另一方面是企业会计数据非常全面、完整,便于利用间接法编制。从 SNA 的角度看,公共公司资产负债期初存量包括非金融资产、金融资产和金融负债,由于公共公司会计核算和政府会计核算都属微观会计核算,从微观会计指标向宏观核算指标转化、调整所用的方法类似,本节将不再继续论述调整方法,将讨论公共公司资产负债项目如何运用会计数据来核算期初存量。

（一）公共公司非金融资产核算方法

公共公司非金融资产包括生产资产和非生产资产,生产资产由固定资产、存货、贵重物品组成,非生产资产包括土地、地下资产、其他自然资产、无形非生产资产等。从公共公司会计核算的角度看,非金融资产中的生产资产记录于固定资产账户,非生产资产记录于无形资产账户,且都是使用历史成本的计价方法,转换为宏观核算,应当采用可观测的市场价格估价,需要考虑重新估价的问题。

1. 固定资产核算

公共公司的固定资产包括厂房、办公楼、机器设备、公共基础设施、在建工程等。其中,厂房、办公楼可归为建筑物,公共基础设施属于构筑物,机器设备属于设备类。

（1）厂房、办公楼等建筑物估值

对于厂房、办公楼等建筑物,一般建成后,在使用过程中更新投资较少,因而可根据公共公司会计记录中的建筑面积、建成年份等数据,再获取市场中可观测的同区域的同类建筑物的平均市场价格,或者通过租金法,利用租金的贴现值获得市场价格,将建筑面积与平均市场价格相乘,扣除折旧得到建筑物的估值。根据新企业所得税法中固定资产折旧年限规定:除国务院财政、税务主管部门另有规定外,固定资中房屋、建筑物计算折旧的最低年限为 20 年,采用直线折旧法或双倍余额折旧法,计算已经消耗的价值,剩余的价值即为厂房、办公楼等建筑物估值。

（2）公共基础设施等构筑物估值

公共基础设施等构成的存量是不同时期投资形成资产流量积累而成,第四章中已经列出公共基础设施估价方法,包括重置成本法、预期收益贴现法和价格指数调整法。

（3）机器设备类估值

机器设备类估值可采用重置价格或市场上可观测的价格进行估值,利用会计记录中的购置时间,根据获得的市场价格,扣除设备折旧,可得到机器设备的市场价值。新企业所得税法将机器设备折旧年限主要分为四类:飞机、火车、轮船、机器、机械和其他生产设备,为 10 年;与生产经营活动有关的器具、工具、家具等,为 5 年;飞机、火车、轮船以外的运输工具,为 4 年;电子设备,为 3 年。不同机器设备类型,折旧年限不一样,最终其残值也不同。

2. 存货和贵重物品估值方法

公共公司中,存货主要指用于生产的材料（包括生产物资和原材料等）、在制品和可供销售的商品。公共公司使用原材料等进行生产时,有两种方式:先进先出法和后进先出法,先进先出法中存货的价值受到价格影响较小,而后进先出法中存货价值受价格影响较大,但由于原材料一般在一个核算周期内使用完,因而对于宏观统计估价的影响不大,可以采用核算期原材料价格的平均值估算。在制品按照成本法估算其价值,可供销售的商品则可按照市场价格估算价值。

3. 非生产资产核算

公共公司会计无形资产中合约、租约和许可属于宏观核算中非生产资产项目。合约、租约和许可一般是指对自然资源的租约、许可,如土地使用租约、矿山等资源开采权,还可能指开展某项活动的许可或某项商品使用授权等(如专利许可)。对于合约、租约和许可,只有法律协议持有方通过持有获取的收益大于资源出租人、所有者或授权者提供的价格,才能被确定为资产。对于这类资产,可通过租期预期利益贴现得到其估值,或者采用合同约定价格估价。

对于商誉和营销资产,公共公司只有在被出售时才产生商誉价值,如没有被出售或并购,一般不记其价值。

### (二) 公共公司金融资产、金融负债核算方法

公共公司金融资产、金融负债按照流动性、时间长短可分为短期金融资产、短期金融负债和长期金融资产、金融负债两大类。前者主要指现金、通货、存款、应收账款、应付账款、短期贷款、应付职工薪酬、应缴税费等等,后者主要指长期股权投资、债务性证券、长期贷款、金融衍生工具等。

1. 短期金融资产、金融负债估值

短期金融资产、金融负债,其价值受价格影响波动较小,因而其估值主要根据名义价格、面值或市场价格进行估值。现金、通货等按照面值进行估值,存款价值是按照债权人和债务人在协议(或合同)中约定的应偿还给债权人的数额。短期债券是按照档期市场价值进行估价,应收账款、应付账款、应付职工薪酬、应缴税费等属于企业间的往来账务,按照约定的价值进行估价。

2. 长期金融资产、金融负债估值

长期金融资产、金融负债估值受到价格影响较大,特别是在高通货膨胀或高名义利率时,因而需要单独对其进行估值,具体如下:

（1）长期股权投资（或股权和投资基金份额）

对于投资上市公司的股权估价,根据上市公司在股票市场的股票价格或有组织的金融市场上观测的价格,对投资的股权进行估价,一般采用核算时点的股票平均价格,与投资股权份额(或股票数量)相乘,获得长期股权投资估价。

对于投资于未上市的股票,缺少可观测的市场价格,在无法获得股权投资的实际价值时,只有通过估算获取近似于市场价值的估价。可供使用近期交易价格、独立审计评估价、预期收益贴现法,同类企业比较法和自有资金账面价值等方法。近期交易价格是根据企业在近段时间的交易价格(前提是近期交易存在),且在交易后无重大事项发生,则可通过近期交易价格估价;独立审计评估价是具有资质的审计单位对投资的企业评估获得的价格,通过以现期评估资产价值减去现期评估负债价值获得企业的权益,通过计算投资比例获得股权投资价值。预期收益贴现法是通过预测未来收益进行贴现来计算。同类企业比较法是在同类行业中,选取经营指标、财务指标相近的且能够观测市场价格的企业,对所投资的企业进行估值。自由资金账面价值是根据直接投资企业账面上积累的企业价值进行估价,包括实收资本、被确认为股权的公积金、累积再投资收益和持有的收益等,对这些项目进行估价,获取企业的权益价值。具体采用哪种方法,则需要根据信息的可获取性和最接近于市场价格的方法进行估值。

（2）长期债务性证券

长期债务性证券包括定期支付利息的债券、付息较少的高贴现债券和不付息的零息债券,它的市场价格随着市场利率的变化而有相当大的变化。由于长期性债务证券的价格存在波动,债券发行者可通过在市场上进行债券回购清偿债务,原因在于市场利率导致的债券价格变化,当市场利率低于票面利率时,债券发行者可以通过获取更低使用成本的资金,会对发行的债券进行回购,降低资金使用成本,反之,则不会进行回购。因此,对长期债务性证券进行估值需要结合市场利率。

通常债券的内在价值估价模型为:

$$PV = \sum_{t=1}^{n} \frac{r * F}{(1 + y)^t} + \frac{F}{(1 + y)^n} \qquad (3)$$

其中,$PV$ 表示债券的估计价值,$r$ 为票面利率,$y$ 是实际市场利率,$n$ 为债券的发行时间,$F$ 为债券票面面值。

通过利用债券的内在价值估计模型,可以获得长期债务性证券的市场价值。

(3)长期贷款

长期贷款是指债务人和债权人签订的借款协议,是债务人和债权人资产负债表都要记录的金额,对于债务人来说,属于负债,指未偿还本金的数量,对于债权人说,属于资产。长期贷款的价值不反映资产负债表日之后应付利息的影响,借款协议中的金额数量代表长期贷款的金额,利息的支付反映在应收应付款账下。但如果在交易市场上有贷款交易,则可将此类贷款视作债券处理。

(4)金融衍生工具

金融衍生工具主要包括期权、远期合约、期货和雇员股票期权等。期权是指买方通过向卖方支付期权费(指权利金)后,拥有在未来一段时间内或未来某一特定日期以期权协议事先规定好的价格(指履约价格)向卖方购买或出售一定数量的特定商品(一般指标的物)的权利,但不负有必须买进或卖出的义务。对于买方来说,最大的损失为权利金,相对应地,卖方的最大收益为权利金。因而,期权应当以期权的应付权利金的数额估价或者以核算期期权的现期价值估价。远期合约是指双方约定在未来某一时刻按约定的价格买卖约定数量的金融资产。它以市场价值记录,当远期合约交割实现后,资产和相应的负债被分期清偿,反映在资产负债表的记录中。期货价格是指期货市场上通过公开竞价方式形成的期货合约标的物的价格,其合同的市场价值在核算期内根据标的物的价格变动而变动,形成资产头寸和负债头寸间的转换,可以把这种价格变动记录为重估价。雇员股票期权是公司授予其雇员在本公司股票上的看涨期权,新企业会计准则中规定雇员股票期权的价值以其公允价值进行估算。通常对其估价的方法有:预期寿命;二叉树方法;行使倍数方法;基于市场的处理方法等。预期寿命是指雇员行使期权或期权作废的平均时间,预期寿命可以大致地从记录雇员提前行使期权的历史数据来估计,并且反映等待期、雇员离开公司的影响以及雇员股票期权比普通期权更倾向于被提前行使的影响。二叉树方法在倒退计算时做以下调整:期权是否已经生效;雇员离开公司的概率;雇员选择行使期权的概率。行使倍数(exercise multiple)导致期权被行使的股票价格与执行价格的比率。一旦期权生效并且股票价格与执行价格的比率高出某一水平时,雇员将立即行使期权。期权的价格可由二叉树或者三叉树方法来计算。基于市场的处理方法有提出向机构投资者出售具有同样条款的期权,或者在市场上变卖与雇员期权实际实现收益相同的证券,还有采取荷兰式拍卖的。

## 三、公共公司资产负债积累账户核算方法

公共公司资产负债积累账户包括资本账户和金融账户,资本账户项目和金融账户项目的核算属于流量核算,在核算期初资产负债价值的基础上,通过对积累账户项目价值的流量核算,形成期初存量和核算期间流量核算完整过程,最终达到对期末资产负债的价值估算。对于

期初资产负债核算方法,前文中提到采用通过企业资产负债表的会计指标调整、转化、合并,并通过不同估价方法估算出符合宏观经济核算的资产、负债数据。但公共公司资产负债积累账户核算方法不同于期初资产负债核算,将采用直接法核算公共公司核算期间内资产、负债变动,也即通过对企业实行调查的方法,获得企业资产、变动的数据。采用直接法的原因:一方面是获取的数据准确真实,且流量核算一般都是当年价格(市场价格)记录,不需要重新估价,另一方面是我国存在企业报表制度,方便通过企业调查获得数据。因而公共公司资产负债积累账户核算主要是从企业调查与资产、负债变动核算关系展开研究。

(一) 资本账户项目核算

资本账户记录了与非金融资产获得有关的交易,其目的是记录常住机构单位通过交易所获得或处置的非金融资产价值,并对由储蓄和资本转移引起的资产净值变化进行说明。资本账户右边记录资产积累的资金来源,具体包括储蓄和资本转移,左边记录资产积累资金使用去向,包括固定资产、存货、贵重物品等生产资产和自然资源、合约、租约和许可、外购商誉和营销资产等,平衡项为净借入或净贷出。可以看出,资本账户项目构成主要是储蓄、资本转移和非金融资产获得减去处置。

1. 储蓄核算

公共公司资本账户中储蓄项目反映的公共公司可支配收入,它是可支配收入使用账户转来的平衡项。从社会再生产的角度看,企业的储蓄的形成是在生产、分配之后形成,企业只有通过生产获得收入,对参与生产的要素进行分配后,才形成企业的可支配收入,由于企业不存在消费,可支配收入完全形成储蓄。从国民经济核算的角度,在企业生产环节,只有通过生产核算、收支分配核算,才能进行储蓄核算,因而储蓄核算涉及增加值核算、收入形成分配核算。

（1）增加值核算

增加值核算是对生产过程及其结果的核算,从形成过程看,增加值是生产者当期生产的产品价值扣除所消耗的其他产品价值后的余值,也即总产出与中间投入之差形成增加值。生产核算虽然是从单个生产单位开始,但宏观核算并不关注单个生产单位的生产成果,而是将生产单位进行归集,在部门层次上提供增加值核算数据。但是,只有通过获取微观企业的增加值核算才便于在部门层次进行归集,实现微观统计和宏观核算的衔接。我国目前对企业①增加值的核算,主要是通过企业"一套表"制度,获取企业联网直报数据进行核算。企业"一套表"制度是指以统计调查对象（规模以上企业）为核心,整合现行报表制度,消除不同统计调查制度对同一调查单位的重复布置,充分运用网络等现代信息技术,实现数据采集方式的统一组织管理和统计资源共享的一种新的统计调查制度。企业"一套表"制度调查的内容包括调查单位基本情况、从业人员及工资总额、财务状况、生产经营情况、能源和水消费、科技活动、信息化情况和经营情况问卷调查等。增加值核算主要根据企业统计报表中财务状况表和生产经营情况表中指标,详见图5-1。

图5-1左边是增加值核算,右边是会计核算及其会计指标。生产核算中,总产出减去中间消耗得到增加值。对于总产出,可以根据当期的生产或销售情况核算,需要企业统计报表中的生产经营情况,如总产

---

①　实行企业"一套表"制度的企业包括:规模以上工业、有资质的建筑业、限额以上批发和零售业、限额以上住宿和餐饮业及全部房地产开发经营业等国民经济行业法人单位及所属的产业活动单位,重点服务业法人单位,以及其他第三产业重点耗能法人单位。

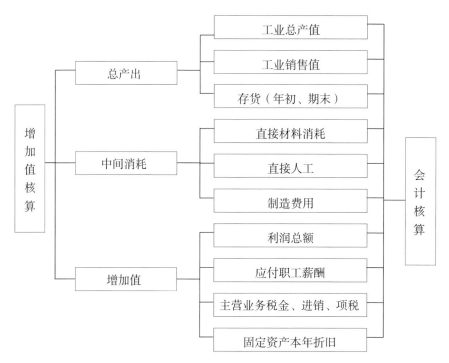

图 5-1　增加值核算与会计核算关系图（以工业企业为例）

值、销售值，以及资产负债表中存货。以工业企业为例，从生产情况看，工业总产值近似总产出，从销售情况看，总产出等于工业销售值、成品存货当期变动价值、半成品、在制品当期变动价值之和。中间消耗是指在生产过程中所消耗的非耐用性货物和服务的价值，包括物质消耗和劳务消耗。在会计核算中，中间消耗可通过直接材料消耗、直接人工费用、制造费用等与生产相关的费用。增加值核算可通过生产法，为总产出与中间消耗之差，还可通过收入法核算，从劳动报酬、营业盈余、生产税净额、固定资产折旧等项目中核算，相对应会计核算指标为应付职工薪酬、利润总额、主营业务税金、所得税、进销、项税和固定资产本年折旧。通过企业报表中的财务状况表、生产经营情况表，将会计核算和宏观核算结合，实现增加值核算。

（2）收入分配核算

收入分配核算是生产核算的延伸,包括初始收入分配核算和收入再分配核算。初始收入分配核算反映机构部门之间进行的各种交换性分配交易,以及各部门对初始收入的占有情况。收入再分配核算反映各种非交换性分配,通常称转移。从企业会计角度,收入分配主要指企业的收与支,主要体现在损益表中,宏观核算中收入分配核算与会计核算具体关系见图5-2。

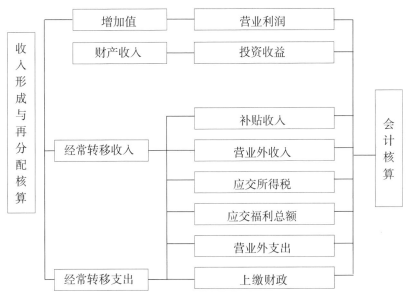

图5-2　收入分配核算与会计核算关系图

图5-2左边为收入形成核算和收入再分配核算。对于企业,收入形成核算主要核算企业的初始收入,作为资本要素参与方,获得营业盈余和固定资产折旧,其中,固定资产折旧是对转移价值的补偿,同时,还包括财产收入,因而企业初始收入核算等式如下:

企业初始收入=（增加值-支付的劳动报酬-生产税净额）+财产收入净额

其中,财产收入净额等于得到的财产收入减去支付的财产收入。

在企业获得初始收入之后,还需核算各种转移性收入分配活动,我们称之为收入再分配。收入再分配包括转移收入和转移支出,转移收入指其他部门对企业的转移,如政府的财政转移、其他企业转移等,转移支出指经常转移,包括所得税、社会保障缴款、社会福利和其他经常转移等。在初始收入的基础上,外加转移收入与转移支出之差,最终形成企业的可支配收入。

图5-2右边是企业会计核算,其中会计指标来自企业的损益表。借助于企业"一套表"调查中的关于企业损益表,便于获得宏观收入分配核算的企业微观数据。企业损益表中,固定资产折旧被计提在管理费用,营业利润已经包含投资收益,扣除利息费用,为了和初始收入核算相对应,需要进行调整,得到:

企业初始收入=企业营业盈余+固定资产折旧+财产收入净额

=(营业利润-投资收益+财务费用支出)+管理费用中计提折旧+(投资收益-财务费用支出)

其中,投资收益应扣除出售股票、有价证券的收入,仅包含利息、红利以及租金等。

与企业经常转移收入相对应会计指标包括补贴收入(主要指政府财政补贴中属于经常性转移部分)、营业外收入,而营业外收入包括固定资产盘盈、处置固定资产净收益、非货币性交易收益、出售无形资产收益、捐赠等,只有捐赠属于经常转移,其余记录为资产的变动,不属于收入再分配核算。与经常转移支出相对应的会计指标包括应交所得税、应交福利总额、营业外支出、财政上缴等,同样,营业外支出处理方式与营业外收入类似,只有发生经常转移的项目才等同于宏观核算中经常转移支出,如对外捐赠、罚没支出等。最终企业的可支配收入为:

企业可支配收入＝企业初始收入+经常转移收入-经常转移支出

＝企业初始收入+（补贴收入+获得捐赠）-（应交所得税+应交福利金额+对外捐赠+罚没支出+上缴财政）

通过初始收入分配核算和再分配收入核算,获得企业的可支配收入,由于企业不存在消费环节,因而企业的可支配收入直接形成企业的储蓄。

2. 资本转移核算

资本转移是指在无对应回报的条件下,一个机构单位向另一个机构单位提供了一笔资产（实物资产或现金资产）或取消了另一个单位的负债。资本转移不同于经常性转移,它总是涉及资产负债的变动。在宏观核算中,资本转移包括资本税、投资补助和其他资本转移,其中,资本税是指对机构单位所持有的资产或净值征收的财产税,或是资本转移所征收的税,投资补助是指政府向各机构单位拨付的用于这些单位获得固定资产的款项或实物,其他资本转移包括债务豁免、巨额亏损补贴、特大捐赠等。资本转移具有规模大、频率低、无规律的特点。在企业会计中,资本转移不属于企业生产活动,事项发生一般记录于应交税金、营业外收入与营业外支出,导致资产、负责变化的相应记入资产、负债项。因此,对于资本转移核算,需从这些会计指标收集并核算,一般地,企业的资本转移相对较少,易于核算。

3. 非金融投资核算

非金融投资指一定时期内发生的非金融资产交易,其核算包括两个部分:生产资产投资核算和非生产投资核算。生产资产投资核算由固定资本形成、存货、贵重物品组成,非生产资产投资核算包括有形非生产资产投资和无形非生产资产投资。从目前中国核算实践来看,固定资本形成数据来源于固定资产投资统计,存货变化来源于产业部门会计资料和其他资料,其他项目的统计数据从企业调查和会计资料获得。可以看出,企业的非金融投资核算需依靠微观数据,但又缺乏系统的研究。国家统计局固定资产投资统计制度方法改革课题组(2013)对俄罗斯、波兰两国固定资产统计原则、统计方法、统计范围、统计信息发布等进行深入研究,并提出用财务支出法代替传统的工程形象进度法作为固定资产投资统计改革的基本方向。国家统计局从 2015 年开始在部分省市开展固定资产投资统计制度试点,其改革的重点在于将固定资产投资统计对象由项目单位变为法人单位,投资额统计由形象进度法改为财务支出法。从国家统计局开展固定资产投资统计的理论和实践看出,固定资产投资统计是利用宏观核算和微观核算相结合的例证,利用企业微观数据才能实现宏观核算高质量的统计,因而,接下来将讨论利用企业调查表中会计财务指标实现完整的非金融资产核算。

(1)固定资本形成核算

固定资本形成,从产品使用角度看,指企业用于固定资产积累的最终产品价值,应该核算当期为形成固定资产而花费的支出,也即固定资产的投资支出。从单个企业统计看,固定资产的投资可能包括旧的固定资产,但从整个社会看,旧的固定资产是在企业间或部门间转移,在合并统计后最终会抵消。表 5-3 是工业联网直报企业非金融资产投资情况表。将利用企业固定资产投资统计报表获取固定资产投资统计数据。

表 5-3　工业联网直报企业非金融资产投资情况表

单位:千元

| 指标名称 | 代码 | 年初余额 | 本年借方发生额 | | 本年贷方发生额 | 期末余额 |
|---|---|---|---|---|---|---|
| | | | 本年 | 上年同期 | | |
| 甲 | 乙 | 1 | 2 | 3 | 4 | 5 |
| 一、在建工程 | 1101 | | | | | |

续表

| 指标名称 | 代码 | 年初余额 | 本年借方发生额 | | 本年贷方发生额 | 期末余额 |
|---|---|---|---|---|---|---|
| | | | 本年 | 上年同期 | | |
| 按构成分: | — | | | | | |
| 建筑按照工程 | 1102 | — | | | — | — |
| 在安装设备 | 1103 | — | | | — | — |
| 待摊支出 | 1104 | — | | | — | — |
| 二、固定资产原价 | 1201 | | | | | |
| 购置不需安装的设备、工器具 | 1202 | — | | | — | |
| 其中:购置旧设备及工器具 | 1203 | — | | | — | |
| 在建工程完工转入固定资产 | 1204 | — | | | — | |
| 其他固定资产 | 1205 | — | | | — | |
| 三、无形资产 | 1301 | | | | | |
| 其中:土地使用权 | 1302 | | | | | |
| 计算机软件和数据库 | 1303 | — | | | — | |
| 研究与开发 | 1304 | — | | | — | |
| 四、其他资产 | 1401 | | | | | |

资料来源:《2015 年固定资产投资统计改革试点报表制度》。

　　表 5-3 中指标都是企业会计指标,反映的是企业进行固定资产投资活动的会计记录。企业固定资产投资活动包括建造和购买固定资产等,建造固定资产主要有自行建造和出包形式两种,在会计中记录为在建工程,建造完成后将转入固定资产。购买的固定资产包括需要安装的固定资产和不需要安装的固定资产。需要安装的固定资产处理形式

类似于建造的固定资产,不需要安装的固定资产直接记录为固定资产项。SNA2008 提出将将研发支出计入固定资本形成,而不再作为中间消耗,且将知识产权产品记录为固定资产项,因而企业会计无形资产项中计算机软件和数据库、研究与开发都在固定资产投资核算范围。同时,获得和处置固定资产时所发生的所有权转移费用已被视为固定资本形成,会计上一般处理为费用资本化,记入固定资产。因此,结合统计报表和会计指标,固定资产投资的核算等式为:

固定资产投资="在建工程"借方发生额+"购置不需安装设备、工器具"借方发生额+"其他资产"借方发生额+"计算机软件和数据库"借方发生额+"研究与开发"借方发生额+"生物性生物资产"借方发生额

固定资本形成不同于固定资产投资,对于从单个企业,固定资产的投资可能包括旧的固定资产,但从整个社会看,旧的固定资产是在企业间或部门间转移,在合并统计后最终会抵消。然而,固定资产投资统计中并未统计企业固定资产处理,因而核算固定资本形成需要在固定资产投资的基础上扣除购买的旧的固定资产。

(2)存货投资核算

从来源看,存货包括外购存货、自行生产存货和其他方式取得的存货;从构成看,存货包括原材料、在产品、半成品、产成品、商品和周转材料等。存货的核算方法可借鉴固定资产投资,其核算等式为:

存货投资="原材料"借方发生额+"在产品"借方发生额+"半成品"借方发生额+"产成品"借方发生额+"商品"借方发生额+"周转材料"借方发生额

原则上,外购存货存在"旧的"的存货,即企业往年生产的存货,类似于固定资产,这类存货属于部门间转移,但与固定资产新旧按使用时

间区分不同,企业在统计存货时,很难分清新旧,考虑到这部分存货数量较少和统计困难,不予考虑。

(3)贵重物品核算

在国民经济核算中,贵重物品包括贵金属、宝石、古董与其他艺术品以及其他贵重物品。企业购买贵重物品不同的用途和目的,会产生不同的会计处理,一般包含三种目的:装饰、投资和加工出售等。作为装饰类,会计上记入管理费用;出于投资目的,类似于投资房地产项目,实现保值增值,记入艺术品投资项目,单独列入资产类;加工出售的贵重物品,记入存货。因此,对于企业贵重物品的核算等式为:

贵重物品投资="管理费用——购买贵重物品"贷方发生额+"艺术品投资"借方发生额+"存货——贵重物品"借方发生额

(4)非生产资产投资核算

非生产资产投资包括有形非生产资产投资和无形非生产资产投资。有形非生产资产投资包括土地和地下矿藏等自然资源,无形非生产资产包括合约、租约、许可、商誉和营销资产等。非生产资产投资主要围绕其所有权发生。在企业会计中,非生产资产投资记入无形资产,因而,非生产资产投资核算等于企业无形资产中土地、自然资源使用权、相关合约、租约、许可等借方发生额,商誉等只有在企业发生并购时才有其价值,正常情况下很难评估,因而不予考虑。

核算企业的非金融资产投资核算完全依赖于会计资料,目前国家统计局实行的非金融投资统计制度改革试点的企业统计报表仅仅包括固定资产和土地使用等项目,并不能涵盖非金融资产的范围,如存货、贵重物品、无形非生产资产等,名不符实,因而很难准确统计非金融投资数量,本书将在第六章进一步改进非金融投资统计企业统计报表,便于企业完整准确上报非金融投资数据,也有利于国家统计非金融投资。

## （二）金融账户项目核算

金融账户记录了当期金融交易引起的净变化,包括金融资产和负债的净变化。在国民经济核算中,金融账户核算资金的来源和使用,资金来源代表机构单位的负债,资金使用表示机构单位形成的金融资产,资金来源和使用的净额,负值表示净贷入,正值表示净借出。从核算内容看,金融账户项目核算包括货币黄金和特别提款权核算、通货和存款交易核算、债务性证券交易核算、贷款交易核算、股权和投资基金份额交易核算、保险、养老金与标准化担保计划专门准备金交易核算、金融衍生工具核算和其他应收应付款项交易核算。

从企业会计的角度看,金融交易是指企业中与金融资产、金融负债相关的企业会计项目本期发生的借方发生额和贷方发生额的净值,表5-4为企业会计准则中企业资产负债表。

### 表5-4 企业资产负债表

| 资产 | 编号 | 期末余额 | 年初余额 | 负债和所有者权益 | 编号 | 期末余额 | 年初余额 |
|---|---|---|---|---|---|---|---|
| 流动资产: | | | | 流动负债: | | | |
| 货币资金 | 1 | | | 短期借款 | 29 | | |
| 交易性金融资产 | 2 | | | 交易性金融负债 | 30 | | |
| 应收票据 | 3 | | | 应付票据 | 31 | | |
| 应收账款 | 4 | | | 应付账款 | 32 | | |
| 预付款项 | 5 | | | 预收款项 | 33 | | |
| 应收利息 | 6 | | | 应付职工薪酬 | 34 | | |
| 应收股利 | 7 | | | 应交税费 | 35 | | |
| 其他应收款 | 8 | | | 应付利息 | 36 | | |
| 存货 | 9 | | | 应付股利 | 37 | | |

| 资产 | 编号 | 期末余额 | 年初余额 | 负债和所有者权益 | 编号 | 期末余额 | 年初余额 |
|---|---|---|---|---|---|---|---|
| 一年内到期的非流动资产 | 10 | | | 其他应付款 | 38 | | |
| 其他流动资产 | 11 | | | 一年内到期的非流动负债 | 39 | | |
| 流动资产合计 | | | | 其他流动负债 | 40 | | |
| 非流动资产： | | | | 流动负债合计 | | | |
| 可供出售金融资产 | 12 | | | 非流动负债： | | | |
| 持有至到期投资 | 13 | | | 长期借款 | 41 | | |
| 长期应收款 | 14 | | | 应付债券 | 42 | | |
| 长期股权投资 | 15 | | | 长期应付款 | 43 | | |
| 投资性房地产 | 16 | | | 专项应付款 | 44 | | |
| 固定资产 | 17 | | | 预计负债 | 45 | | |
| 在建工程 | 18 | | | 递延所得税负债 | 46 | | |
| 工程物资 | 19 | | | 其他非流动负债 | 47 | | |
| 固定资产清理 | 20 | | | 非流动负债合计 | 48 | | |
| 生产性生物资产 | 21 | | | 负债合计 | | | |
| 油气资产 | 22 | | | 所有者权益（或股东权益）： | | | |
| 无形资产 | 23 | | | 实收资本（或股本） | 49 | | |
| 开发支出 | 24 | | | 资本公积 | 50 | | |
| 商誉 | 25 | | | 减：库存股 | | | |
| 长期待摊费用 | 26 | | | 盈余公积 | 51 | | |
| 递延所得税资产 | 27 | | | 未分配利润 | 52 | | |

续表

| 资产 | 编号 | 期末余额 | 年初余额 | 负债和所有者权益 | 编号 | 期末余额 | 年初余额 |
|---|---|---|---|---|---|---|---|
| 其他非流动资产 | 28 | | | 所有者权益（或股东权益）合计 | | | |
| 非流动资产合计 | | | | | | | |
| 资产总计 | | | | 负债和所有者权益（或股东权益）总计 | | | |

资料来源：2014年《企业会计准则》，其中编号为笔者设置，方便表5-5会计科目分类。

表5-4是企业资产负债表，它反映的是企业在某一时点上企业资产、负债和所有者权益，它是基于存量角度，但期末余额与期初余额间的差额反映本期企业交易活动形成的资产、负债、所有者权益变化。以流动资产项目中货币资金为例，期初余额+本期借方发生额-本期贷方发生额=期末余额，期末余额与期初余额间的差额反映的是货币资金在核算期交易净额，因而企业在核算期内金融交易的核算就是与金融资产、金融负债相关的会计科目期末余额与期初余额之差，但差额已经包含金融资产和金融负债间的资产其他物量变化和重估价（中性持有收益和实际持有收益），企业的金融交易核算见表5-5。

### 表5-5　企业金融交易核算表

| 金融资产 | 会计科目 | 金融交易（期末、期初余额之差） | 金融负债 | 会计科目 | 金融交易（期末、期初余额之差） |
|---|---|---|---|---|---|
| 货币黄金和特别提款权 | | | 货币黄金和特别提款权 | | |

续表

| 金融资产 | 会计科目 | 金融交易<br>（期末、期初<br>余额之差） | 金融负债 | 会计科目 | 金融交易<br>（期末、期初<br>余额之差） |
|---|---|---|---|---|---|
| 通货和存款 | 1、11 | | 通货和存款 | | |
| 债务性证券 | 2、10、12、13 | | 债务性证券 | 30、39、40、42 | |
| 贷款 | | | 贷款 | 29、39、40、41 | |
| 股票和投资基金份额 | 2、10、12、13、15 | | 股票和投资基金份额 | 30、39、40 | |
| 保险、养老金和标准化担保计划 | | | 保险、养老金和标准化担保计划 | | |
| 金融衍生工具和雇员股票期权 | 13、15 | | 金融衍生工具和雇员股票期权 | | |
| 其他应收款 | 3、4、5、6、7、8、14 | | 其他应付款 | 31、32、33、34、35、36、37、38、43、44、45 | |

注:表中的序号来自于表5-4的编号。

根据表5-5列示的企业会计科目与金融资产、金融负债的对应关系,计算其期末、期初余额之差,可获得金融资产、金融负债的本期交易金额。从宏观资产负债表的编制频率看,年度资产负债表的金融资产、金融负债交易核算数据可通过企业的年度会计报告期末余额、期初余额获得,但月度、季度资产负债表则无法通过此方法获得所需数据。要编制企业宏观月度、季度资产负债表,金融交易数据则需要按照获取企业固定资产投资数据的方式,设计企业统计报表,通过企业自行上报金融资产、金融负债本期借方发生额、贷方发生额数据,核算本期月度、季度金融交易。

### (三) 资产其他物量变化和重估价项目核算

#### 1. 资产其他物量变化核算

资产其他物量变化指由于机构单位无法控制的外生因素或事件导致的资产或负债的变化。对于公共公司,资产其他物量变化核算主要指巨灾造成的损失、政府的无偿没收、固定资产的意外淘汰、生产设施在完工或投入使用前的废弃以及存货的异常损失等。企业会计中,巨灾造成的损失、政府的无偿没收记入营业外支出,固定资产的意外淘汰、生产设施在完工或投入使用前的废弃记入固定资产清理,存货的异常损失记入待处理财产损溢。因而企业的资产其他物量变化核算等式为:

企业的资产其他物量变化="营业外支出——巨灾损失"本期贷方发生额+"营业外支出——政府无偿没收"本期贷方发生额+"固定资产清理"本期贷方发生额+"待处理财产损溢——存货异常损失"本期贷方发生额

#### 2. 重估价核算

重估价是指价格水平变化引起的资产、负债和资产净值的价值变化。重估价核算有直接法和间接法两种,直接法是根据具体分类资产的购买、处置时点价格、数量资料进行核算,计算工作量巨大且难度较大;间接法是利用存量核算和积累核算之间的关系,通过期末、期初余额之差,扣除交易引起的资产、负债价值变化和资产其他物量变化,剩余项为重估价核算。由于金融交易中已经包含金融资产、金融负债的资产其他物量变化、重估价,因而只核算非金融资产的重估价。

对于非金融资产重估价核算,由于企业会计主要是使用历史成本计价,期末与期初间差额只包含本期非金融资产的新增和资产其他物量变化,并不包含重估价,因而只能通过直接法进行估算。

对于受价格水平影响较大的资产,例如房屋、厂房、构筑物、机器设备等,通过期末的估价减去期初的估价,扣除本期的固定资本消耗,获得重估价;对于家具、办公用品等受价格水平影响较小的资产,可通过期初价格乘以物价水平增幅近似重估价。

综上分析,通过利用企业财务支出法,分析微观企业会计指标与宏观核算指标关系,对公共公司进行储蓄核算、资本转移核算、资本形成核算、金融账户核算、资产其他物量变化核算和重估价核算,最终实现积累账户核算。公共公司资产负债期初账户和积累账户的完整核算完成后,才能编制公共公司资产负债表。

# 本 章 小 结

公共公司代替政府行使生产职能,为公众提供公共服务。公共公司的生产经营活动符合社会再生产的特征,需要使用 SNA 资产负债核算方法。对于公共公司期初资产负债核算,利用公共公司的会计资料,调整、转换、合并,期中资产负债变化核算,利用企业财务支出法,分析微观企业会计指标与宏观核算指标关系,对公共公司进行储蓄核算、资本转移核算、资本形成核算、金融账户核算、资产其他物量变化核算和重估价核算,最终实现积累账户核算。

# 第六章　政府资产负债表的编制设计

在明确政府机构核算范围和资产负债核算范围,以及探讨行政单位和公共公司的资产负债核算方法的基础上,可以着手编制政府资产负债表。编制政府资产负债表需要明确三个基础性问题:政府资产负债表的表式和结构;确定政府资产负债表的数据来源;数据获取之后的整理和加工,包括汇总、取并、轧差等。本章拟对这三个基础性问题展开讨论。

## 第一节　政府资产负债表的结构与表式

确定结构与表式是编制政府资产负债表基础工作,政府资产负债表结构与表式的确定,有利于确定政府资产负债表的基本框架,明确政府资产负债核算层次以及流量和存量之间的关系。

### 一、政府资产负债表的结构

资产负债表是在某一特定时点编制的、记录机构单位或机构部门所拥有资产和承担负债的报表。资产负债表的编制可以针对机构单位编制,还可以针对机构部门编制。针对机构单位编制的资产负债表,即为政府单位资产负债表,是对政府单位所拥有的资产及与之相对应的权益和债务关系的核算。通过编制各个政府单位的资产负债表,可以分析政府机构单位间资产、负债的关系以及政府资源在政府单位的分配情况。针对政府机构部门编制的资产负债表,即为政府资产负债表,从总体上反映政府资产的规模和政府整体债务情况。在本书第二章政府机构单位界定和划分讨论中,政府划分为三个层次:狭义政府、广义政府和全口径政府。狭义政府资产负债表反映政府行政机构的资产、负债情况,广义政府是从非市场性的角度划分,与 SNA 定义的政府范围一致,是国民经济五大主体之一。编制广义政府资产负债表,一方面是广义政府资产负债表是国家资产负债表的一个子表,有利于实现与国家资产负债表的对接,另一方面在于政府作为"有形的手",政府资产能够反映政府控制的资源规模。全口径政府在广义政府的基础上,增加公共公司,通过编制全口径政府资产负债表,不仅能够反映政府提供公共服务的能力,还有利于全面衡量政府债务。

从经济流量和存量的关系看,经济流量是反映一段时间发生的经济活动,经济存量是某一时点经济变量存在的数值,期初经济存量加上当期经济流量等于期末经济存量。根据经济流量和存量的关系,可编制政府资产负债存量表和政府资产负债变化表,政府资产负债表是经济存量表,反映的是一定时点上政府部门(或总体)所拥有的不同种类的资产负债的总量规模与结构关系,是从存量的角度核算。政府资产负债变化表反映的是政府部门(或总体)在一段时期内所形成的资产和负债或当期资产负债的变动情况,是从经济流量的角度核算。使用政府资产负债变化表,可以观测核算期间内政府的资产、负债变化情况,进一步研究政府的经济活动方向。

根据政府间的关系,可以将政府资产负债表划分为中央政府资产负债表和地方政府资产负债表。中央政府与地方政府的区别主要是层级不同,层次的划分仍与政府范围层次划分相同。编制中央政府资产负债表和地方政府资产负债表,能够反映中央政府和地方政府的资产负债情况,特别是地方政府的资产、负债是当前各界关注的重点。

根据政府资产负债表的核算客体,还可以编制政府资产情况表、政府负债情况表,以及详细项目分类表,反映不同部门占有的资源、负债关系等。

## 二、政府资产负债表的表式设计

### (一) 政府单位资产负债表和政府资产负债表

1.政府单位资产负债表

政府单位资产负债表是从政府机构单位的角度设计编制政府资产负债表,包括政府单位资产负债单表和政府单位资产负债集合表,见表6-1、表6-2。

### 表6-1 政府单位资产负债单表

| 非金融资产 | 金额 | 金融资产 | 金额 |
|---|---|---|---|
| 生产资产 | | 货币黄金和特别提款权 | |
| 固定资产 | | 通货和存款 | |
| 建筑物和构筑物 | | 债务性证券 | |
| 住宅 | | 贷款 | |
| 非住宅建筑 | | 股权和投资基金份额 | |
| 其他构建物 | | 保险、养老金和标准化担保计划 | |
| 土地改良 | | 金融衍生工具 | |
| 机器和设备 | | 其他应收款 | |
| 其他固定资产 | | 金融负债 | |
| 培育资产 | | 货币黄金和特别提款权 | |

续表

| 非金融资产 | 金额 | 金融资产 | 金额 |
|---|---|---|---|
| 知识产权产品 | | 通货和存款 | |
| 武器系统 | | 债务性证券 | |
| 存货 | | 贷款 | |
| 贵重物品 | | 股权和投资基金份额 | |
| 非生产资产 | | 保险、养老金和标准化担保计划 | |
| 土地 | | 金融衍生工具 | |
| 地下矿藏、能源 | | 其他应付款 | |
| 其他自然资产 | | | |
| 无形非生产资产 | | | |
| 合约、租约和许可 | | | |

**表6-2 政府单位资产负债集合表**

| 资产/负债项目 | 政府机构单位1 | | 政府机构单位2 | | 政府机构单位3 | | …… | 政府机构单位n | |
|---|---|---|---|---|---|---|---|---|---|
| | 来源 | 使用 | 来源 | 使用 | 来源 | 使用 | …… | 来源 | 使用 |
| 非金融资产 | | | | | | | | | |
| 生产资产 | | | | | | | | | |
| 固定资产 | | | | | | | | | |
| 建筑物和构筑物 | | | | | | | | | |
| 住宅 | | | | | | | | | |
| 非住宅建筑 | | | | | | | | | |
| 其他构建物 | | | | | | | | | |
| 土地改良 | | | | | | | | | |
| 机器和设备 | | | | | | | | | |
| 其他固定资产 | | | | | | | | | |
| 培育资产 | | | | | | | | | |

| 资产/负债项目 | 政府机构单位1 | | 政府机构单位2 | | 政府机构单位3 | | ...... | 政府机构单位 n | |
|---|---|---|---|---|---|---|---|---|---|
| | 来源 | 使用 | 来源 | 使用 | 来源 | 使用 | ...... | 来源 | 使用 |
| 知识产权产品 | | | | | | | | | |
| 武器系统 | | | | | | | | | |
| 存货 | | | | | | | | | |
| 贵重物品 | | | | | | | | | |
| 非生产资产 | | | | | | | | | |
| 土地 | | | | | | | | | |
| 地下矿藏、能源 | | | | | | | | | |
| 其他自然资产 | | | | | | | | | |
| 无形非生产资产 | | | | | | | | | |
| 合约、租约和许可 | | | | | | | | | |
| 金融资产 | | | | | | | | | |
| 货币黄金和特别提款权 | | | | | | | | | |
| 通货和存款 | | | | | | | | | |
| 债务性证券 | | | | | | | | | |
| 贷款 | | | | | | | | | |
| 股权和投资基金份额 | | | | | | | | | |
| 保险、养老金和标准化担保计划 | | | | | | | | | |
| 金融衍生工具 | | | | | | | | | |
| 其他应收款 | | | | | | | | | |
| 金融负债 | | | | | | | | | |
| 货币黄金和特别提款权 | | | | | | | | | |
| 通货和存款 | | | | | | | | | |
| 债务性证券 | | | | | | | | | |

| 资产/负债项目 | 政府机构单位1 | | 政府机构单位2 | | 政府机构单位3 | | …… | 政府机构单位 *n* | |
|---|---|---|---|---|---|---|---|---|---|
| | 来源 | 使用 | 来源 | 使用 | 来源 | 使用 | …… | 来源 | 使用 |
| 贷款 | | | | | | | | | |
| 股权和投资基金份额 | | | | | | | | | |
| 保险、养老金和标准化担保计划 | | | | | | | | | |
| 金融衍生工具 | | | | | | | | | |
| 其他应付款 | | | | | | | | | |

SNA2008 中指出,机构单位是指能够自主拥有资产、承担负债、从事经济活动并与其他实体进行交易的经济实体。据此,政府机构单位是指行使政府职能,并且能够自主拥有资产、承担负债的经济实体。表6-1 为单个政府机构单位的资产负债表,左边列示的是政府机构单位非金融资产,右边列示的是政府机构单位金融资产和金融负债。政府机构单位资产负债单表反映政府机构单位的资产、负债规模、结构等。

表6-2 为政府机构单位资产负债集合表,把所有政府机构单位集合在同一张资产负债表中,主栏为政府机构单位,是资产负债表的核算主体,宾栏为资产/负债项目,是核算的内容。针对政府机构单位资产、负债项目,设置来源项和使用项。利用政府机构单位资产负债集合表,可以分析机构单位之间资产、负债间联系。

2. 不同层次政府资产负债表

根据政府机构范围的划分,将政府划分为狭义政府、广义政府和全口径政府。狭义政府包括权力机关、行政机关、司法机关、政党机关、人民解放军、武警部队、政协组织、民主党派、具有行政职能的事业单位和社会保障基金等,广义政府在狭义政府机构的基础上,将公益一类事业单位、社会团体等划归到广义政府。全口径政府的划分是从公共产品的角度考虑,政府的公共产品生产职能由公共公司提供,因而把公共公司划归到全口径政府。政府资产负债表的三个层次如表6-3、表6-4、表6-5所示。

**表6-3 我国狭义政府资产负债表**

| | 权力机关 | 行政机关 | 司法机关 | 政党机关 | 人民解放军、武警部队 | 政协组织 | 民主党派 | 具有行政职能的事业单位 | 社会保障基金 |
|---|---|---|---|---|---|---|---|---|---|
| 资产<br>非金融资产<br>…… | | | | | | | | | |
| 金融资产<br>……<br>负债 | | | | | | | | | |
| 金融负债<br>…… | | | | | | | | | |

**表6-4 我国广义政府资产负债表**

| | 狭义政府 | 公益一类事业单位 | 社会团体 | |
|---|---|---|---|---|
| | | | 特殊社团法人 | 一般社会团体(受政府控制) |
| 资产<br>非金融资<br>…… | | | | |
| 金融资产<br>……<br>负债 | | | | |
| 金融负债<br>…… | | | | |

表 6-5 我国全口径政府资产负债表

| | 广义政府 | | 公共公司 | | | | |
|---|---|---|---|---|---|---|---|
| | | | | | | 金融公共公司 | |
| | 狭义政府 | 其他 | 企业型事业单位（受政府控制） | 公益二类事业单位 | 非金融公共公司 | 货币金融公共公司（含央行） | 非货币金融公共公司（不含央行） |
| 资产非金融资产…… | | | | | | | |
| 金融资产……负债 | | | | | | | |
| 金融负债…… | | | | | | | |

表 6-3、表 6-4、表 6-5 分别反映了狭义政府、广义政府和全口径政府的资产、负债的具体情况和构成,其中,广义政府资产负债表中资产、负债数据可以与国家资产负债表中政府资产、负债实现对接,原因在于二者的核算主体范围一致。

（二）政府资产负债存量表和政府资产负债变化表

政府资产负债存量表反映政府主体在某一时间的资产、负债,政府资产负债变化表是在政府资产负债存量表的基础上,一段时间内(通常为一年)政府资产、负债的变化。政府资产负债变化表具体可以分为三个部分:政府期初资产负债表、政府期中资产负债变化表和政府期末资产负债表。其中,期初资产负债表中的资产、负债与一段时期内资产、负债及资产净值的变化加总可得到期末资产负债表相应数值。表6-6为政府期初期末资产负债和变化表。

表6-6　政府期初期末资产负债和变化表

| | 政府部门资产项目 | 金额 | 政府部门负债项目 | 金额 |
|---|---|---|---|---|
| 政府期初资产负债表 | 非金融资产 | | 金融负债 | |
| | 固定资产 | | 货币黄金和特别提款权 | |
| | 存货 | | 通货和存款 | |
| | 贵重物品 | | 债务性证券 | |
| | 土地 | | 贷款 | |
| | 自然资源 | | 股权和投资基金份额 | |
| | 合约、租约和许可 | | 保险、养老金和标准化担保计划 | |
| | 其他非生产资产 | | 金融衍生工具 | |
| | 金融资产 | | 其他应付款 | |
| | 货币黄金和特别提款权 | | | |
| | 通货和存款 | | | |
| | 债务性证券 | | | |
| | 贷款 | | | |
| | 股权和投资基金份额 | | | |
| | 保险、养老金和标准化担保计划 | | | |
| | 金融衍生工具 | | | |
| | 其他应收款 | | 资产净值 | |

| | 政府部门资产项目 | 金额 | 政府部门负债项目 | 金额 |
|---|---|---|---|---|
| 资产负债变化表 | 非金融资产 | | 金融负债 | |
| | 固定资产 | | 货币黄金和特别提款权 | |
| | 存货 | | 通货和存款 | |
| | 贵重物品 | | 债务性证券 | |
| | 土地 | | 贷款 | |
| | 自然资源 | | 股权和投资基金份额 | |
| | 合约、租约和许可 | | 保险、养老金和标准化担保计划 | |
| | 其他非生产资产 | | 金融衍生工具 | |
| | | | 其他应付款 | |
| | 金融资产 | | | |
| | 货币黄金和特别提款权 | | | |
| | 通货和存款 | | | |
| | 债务性证券 | | | |
| | 贷款 | | | |
| | 股权和投资基金份额 | | 资产净值变化量 | |
| | 保险、养老金和标准化担保计划 | | 储蓄和资本转移 | |
| | 金融衍生工具 | | 资产其他物量变化 | |
| | 其他应收款 | | 名义持有损益 | |

| | 政府部门资产项目 | 金额 | 政府部门负债项目 | 金额 |
|---|---|---|---|---|
| 期末资产负债表 | 非金融资产 | | 金融负债 | |
| | 固定资产 | | 货币黄金和特别提款权 | |
| | 存货 | | 通货和存款 | |
| | 贵重物品 | | 债务性证券 | |
| | 土地 | | 贷款 | |
| | 自然资源 | | 股权和投资基金份额 | |
| | 合约、租约和许可 | | 保险、养老金和标准化担保计划 | |
| | 其他非生产资产 | | 金融衍生工具 | |
| | 金融资产 | | 其他应付款 | |
| | 货币黄金和特别提款权 | | | |
| | 通货和存款 | | | |
| | 债务性证券 | | | |
| | 贷款 | | | |
| | 股权和投资基金份额 | | | |
| | 保险、养老金和标准化担保计划 | | | |
| | 金融衍生工具 | | | |
| | 其他应收款 | | 资产净值 | |

# 第二节　政府资产负债表的数据来源与获取

编制政府资产负债表需要搜集大量的数据,包括宏观数据和微观会计数据。高质量的数据是编制政府资产负债表的关键所在,因而需要对编制政府资产负债表的数据来源和获取方式进行详细讨论和研究。

## 一、编制政府资产负债表的基本方法

编制政府资产负债表的基本方法有直接法和间接法两种。直接法是指根据政府资产负债表中的项目,直接搜集现有宏、微观资产负债核算的资料为主,辅之以全面调查、非全面调查的方法,以获取编表所需的数据,包括原始数据、调查数据以及需要加工处理的数据等。间接法是在直接法编制的基准年度政府资产负债表的基础上,通过资金流量核算、其他物量核算和价值变化核算,使用外推法和内插法,利用期末资产负债存量等于期初资产负债存量与期间资产负债表变化量之和的等式关系,编制政府资产负债表。

### (一) 直接法

直接法编制政府资产负债表需要大量的微观基础数据。利用行政单位资产资产负债表转换成 GFS 资产负债表,行政单位需要提供政府财务报告、预决算报告等会计资料,对非金融资产等进行估价和统计时,则需要行政单位、公共公司提供详细的固定资产详细资料、业务核算资料等。只有获取这些微观基础数据,才能对行政单位、公共公司的资产、负债项目进行调整和估价,进而编制完整的政府资产负债表。

#### 1.会计资料数据

编制政府资产负债表的数据主要来自于会计核算数据。会计核算数据主要指会计报表,包括资产负债表、财务报告、现金流量表、损益表等。对于行政事业单位,能够直接公开搜集的会计资料为行政事业单位财务报表、财政预算表、财政决算表等,对于公共公司,可以获得公共公司的资产负债表、现金流量表和损益表,按照报表公布的频率,可分为季度和年度报表。会计资料为政府资产负债核算提供了大量的汇总数据,为资产负债重新估价提供数据基础。

### 2. 统计资料数据

统计资料数据是通过统计调查的方法获得的数据,包括全面调查和非全面调查,如经济普查数据和固定资产投资统计数据等。宏观统计的数据主要是通过微观经济体的业务数据统计获得,对于不能直接获得的微观经济体数据,如业务核算数据,需通过调查统计的方法获得。现存的常规统计资料有工业司的工业企业成本费用表、规模以上工业财务状况表、规模以下企业财务状况表、投资司的具有建筑业资质的企业财务状况表、房地产开发经管企业财务状况表、非金融资产投资情况、经贸司的限额以上批发和零售业企业财务状况表、限额以上住宿和餐饮业企业财务状况表等。统计资料还包括经济普查资料、部门资料,如通过经济普查获得的"四上"企业的财务状况表,国有企业固定资产分类折旧年限表,税务总局的资产折旧、摊销情况和纳税调整明细表。大部分的资料来源于企业调查统计,缺少对行政部门业务核算统计,如行政单位固定资产统计,因此,需要结合政府资产负债表的数据需求,结合现有统计制度,设计相关调查统计表。

### 3. 其他数据资料

在对资产、负债项目进行估价时,需要使用市场价格估计资产、负债的价值。部分资产、负债项目可以通过直接观测的市场价格估计其价值,部分资产、负债项目需要通过近似商品替代获得其价格,一般通过市场交易价格或者物价局规定价格获得。例如房屋的价值,通过房产中介挂牌价格或房屋产权交易中心备案价格进行估价。

### (二)间接法

间接法是在基础数据不全或缺失,或者是直接法获取数据成本高、耗时长的条件下,选取合适的指标,通过科学的方法推算。例如在估计政府办公大楼的价值时,无法获取市场价格,只能通过租金法近似估算。假设政府将办公大楼出租,通过获取的租金,并允许租金存在一定比例的增长幅度,对租金进行贴现推算出政府办公大楼的估值。

同时,编制政府资产负债表一般核算期为年度核算,由于获取基础数据需要耗费大量的人力、物力,很难每年实施直接法编制政府资产负债表,因而需要使用推算的间接法。如公共公司资产负债表的编制,需要采取直接法和间接法相结合,对于期初资产负债表,需要结合公共公司的会计资料以及相关统计资料,通过合并、转换和估算等,编制期初资产负债表。对于期中资产负债变化,因为企业是财富或经济价值创造的基础,需要对价值创造、转移、交换或消失的全过程记录,反映社会再生产的全过程,而在这个过程中,资本形成和存货投资是最重要的两个方面,还包括资产其他物量变化、重估价等,这些项目的估算则需要结合核算期的会计资料、统计资料,通过估算的期中资产、负债变化,加上期初资产负债,可获得期末资产负债。

## 二、数据获取途径

统计资料数据是除会计资料数据外编制政府资产负债表的一个重要来源,当前政府正在实行的企业"一套表"统计制度,主要服务于企业的统计,包括企业增加值核算、人力资源核算、成本核算以及科技投入核算等。对于资产负债的相关统计,缺乏相关的统计,因此很难获得企业、行政事业单位的业务核算数据。会计资料是对业务、交易记录最为齐全的资料,但政府在宏观统计时,很难直接获得会计业务核算资料,可以借鉴统计报表的形式,主管部门设计相关表格,由企业或行政事业单位自下而上报告,政府负责归集。

## （一）固定资产统计报表

固定资产包括建筑物、构筑物、机器设备、培育资产、知识产权产品等，由于其种类多，使用时间长，价值随着时间影响变化较大，且固定资产在会计折旧期结束后，仍服务较长时间，使得固定资产估价极为困难，因而需要对固定资产进行专门统计，包括固定资产的购置时间（建成时间）、购置成本、已使用时间、折旧年限、折旧方法、残值率等，见表6-7。为获取企业或行政事业单位的固定资产详细数据，特设计固定资产统计报表。通过固定资产统计报表，方便估算固定资产的价值。

### 表6-7　固定资产详细资料统计报表

组织机构代码□□□□□□□□-□

单位详细名称：　　　　　　　　年　　　季

| 固定资产分类 | 代码 | 统计指标 | | | | | | |
|---|---|---|---|---|---|---|---|---|
| | | 购置时间 | 购置成本 | 已使用时间 | 折旧年限 | 折旧方法 | 残值率 | 同类产品市场价格 |
| 甲 | 乙 | 1 | 2 | 3 | 4 | 5 | 6 | 7 |
| | | | | | | | | |

单位负责人：　　　统计负责人：　　　填表人：　　　联系电话：　　　报出日期：

## （二）非金融资产投资统计报表

非金融资产投资统计范围包括固定资产、存货和贵重物品等，按照企业"一套表"制度，调查对象包括："一套表"范围内的法人单位（包括规模以上工业、有资质的建筑业、房地产开发经营业、限额以上批发和零售业、限额以上住宿和餐饮业、规模以上服务业法人单位）；其他有亿元以上在建项目的法人单位（包括：各类有1亿元以上在建项目的新成立企业；各类有1亿元以上在建项目的机关、事业单位、社会团体、

民办非企业单位、基金会、居委会、村委会及其他组织机构等）。公共
公司属于调查对象范围内,根据非金融资产投资统计报表,获取与非金
融资产投资有关的财务指标,从而方便核算公共公司的固定资本形成
和存货投资,详见表6-8。

### 表6-8　非金融资产投资统计报表

组织机构代码□□□□□□□□-□

单位详细名称:　　　　　　　　年　　季

| 指标名称 | 代码 | 年初余额 | 本期借方发生额 | | 本期贷方发生额 | 期末余额 |
|---|---|---|---|---|---|---|
| | | | 本年 | 上年同期 | | |
| 甲 | 乙 | 1 | 2 | 3 | 4 | 5 |
| 一、在建工程 | | | | | | |
| 建筑安装工程 | | | | | | |
| 在安装设备 | | | | | | |
| 待摊支出 | | | | | | |
| 固定资产原价 | | | | | | |
| 购买不需安装的设备、工器具 | | | | | | |
| 其中:购置旧的设备、工器具 | | | | | | |
| 在建工程完工 | | | | | | |
| 其他固定资产 | | | | | | |
| 三、无形资产 | | | | | | |
| 其中:土地所有权 | | | | | | |
| 计算机软件和数据库 | | | | | | |
| 研究与开发 | | | | | | |
| 其他无形非生产资产 | | | | | | |
| 四、存货 | | | | | | |

| 指标名称 | 代码 | 年初余额 | 本期借方发生额 | | 本期贷方发生额 | 期末余额 |
|---|---|---|---|---|---|---|
| | | | 本年 | 上年同期 | | |
| 五、贵重物品 | | | | | | |
| 六、其他资产 | | | | | | |

单位负责人：　　统计负责人：　　填表人：　　联系电话：　　报出日期：

### 三、数据来源与实现

政府资产负债表的核算主体主要分为两类：行使行政职能的政府行政单位和行使生产职能的公共公司。其中行政单位和公共公司由多个国民经济基本单位组成，分散的核算主体不利于获取各类编制政府资产负债表的数据，因此，政府资产负债表的编制实现需要由统一的部门统筹管理各个编制主体。借鉴国际上发达国家的经验，由财政部门负责管理和收集各级政府行政单位的会计资料，根据统计部门设计的相关统计报表，如固定资产统计报表，以及其他相关数据资料。统计部门负责管理和收集公共公司的会计核算资料、统计核算资料和其他资料，最终，由统计部门将所有数据归集汇总。

## 第三节　政府资产负债表的数据整理和登录

在政府资产负债表框架的形成和数据获取的条件下，需要一定的方法和原则，对获取的数据进行整理，并按照一定的方式登录数据。本节拟对政府资产负债表的数据整理和登录进行讨论。

## 一、政府资产负债表的数据整理

政府机构核算范围分为狭义政府、广义政府、全口径政府三个层次,每个层次包含一些子部门,子部门还包含许多机构单位,机构单位需要编制资产负债表。通过政府会计核算资料、统计调查资料以及其他途径获取的数据并不能直接填报政府资产负债表,原因在于获取数据频率不一致,可能存在月度数据、季度数据、年度数据或时点数据,还有可能存在数据缺失,同时,政府机构范围间存在着大量的经济往来项目,这将直接影响政府资产、负债的核算。因此,需要对数据进行整理,包括汇总、合并和轧差。

### (一) 数据整理的方法

1. 汇总

汇总是将某一机构部门或机构单位的所有数据加总。汇总能够保留机构部门之间的债权债务数据,不会引起各机构单位间有关债权和债务数据的抵销。对于政府资产负债表数据的汇总,一般在机构单位之间或机构部门之间汇总,形成一个更大范围的资产负债表,如行政部门有许多小的行政单位组成,通过对行政单位资产负债表汇总,能够获得行政部门资产负债总表。

2. 合并

合并是指冲销属于一个集团内部之内的机构单位之间发生的存量和流量。在政府核算中,一组单位数据通常需要合并,特别是对于广义政府部门及其每一个分部门的统计数据是合并表述。合并涉及抵销被合并的单位之间发生的所有交易和债权债务人关系。SNA2008 建议,不应该合并各机构单位的统计数据,并且一个机构单位的基层单位向同一机构单位的基层单位交易数据也不应合并。政府核算主要目的在于核算政府资产、负债,特别是政府债务问题,因而不能简单将机构单位内部的经济交往(如债务问题)合并。

3. 轧差

轧差又称取净额,与总额相对应。对于一些指标可以采用总额表示,也可以采用净额表示。在政府资产负债表中,会计记录固定资产价值,包括原价和固定资产折旧价值,而宏观核算记录资产负债表,并未区分固定资产原价和净值,而是从资产的效用考虑,以机会成本估价,对于使用时间超过折旧期限的固定资产,应该考虑其原价和真实价值,可通过扣减折旧取净额记录资产价格。

## (二) 数据整理

### 1. 政府会计数据的整理

编制政府资产负债表的数据主要来自会计核算,行政事业单位会计以收付实现制记账为基础,企业会计以权责发生制为记账的基础,但我国目前正在对政府会计核算基础进行改革,试编权责发生制的政府财务报告,在使用政府会计数据时,需要注意数据的来源和使用条件。

### 2. 机构部门资产负债表数据的整理

对于行政单位资产负债表的整理,涉及财政部门上下级之间、财政部门与行政部门之间、行政单位上下级之间等数据的整理。在各级财政部门数据整理中,"与上级往来""与下级往来""借入财政周转金""借出财政周转金"等项目的数据应采用合并的方法,其余项目的数据整理采用汇总的方法;行政单位与同级财政部门间,需要采取合并方法的项目为"基建拨款""预拨经费""财政返还额度"等,其余项目采用汇总的方法;行政单位上下级间数据的整理,一般能明确判断是上下级之间的核算项目采用合并外,其余均应采用汇总的方法。

对于公共公司数据的整理,主要涉及非金融公共公司和金融公共公司的数据整理。非金融公共公司母公司与子公司间账务往来,采用合并的方法,不同非金融公共公司间应收应付款往来,采取汇总的方法,在资产方和负债方双向汇总;金融公共公司包括银行、保险公司、证券公司、中国人民银行以及其他金融公司中的公共公司。对于银行,银行总部与分支机构数据处理应采用合并的方法,银行间的并表,除同业拆借、同业存款等项目使用合并的方法外,其余采用汇总的方法。中国人民银行与其他银行是管理与被管理的关系,但为反映银行间的资产、债务关系,应该采用汇总的方法。证券公司、保险公司以及其他金融公共公司数据的处理方法与银行的处理方法类似。最终将经过数据处理后所有非金融公司和金融公共公司汇总,获得非金融公共公司和金融公共公司的资产、负债数据,有利于从宏观上掌握公共公司的资产和债务风险情况。

## 二、政府资产负债表的数据登录

数据的登录就是在确定政府资产负债表结构表式及数据来源的基础上,按设计的表式项目填录数据。本书设计的政府资产负债表编制是由主管单位(如财政部门、统计部门)设计编表样式、数据调查方案,提供编表方法,由各级政府单位自下而上上报,最终由主管部门统筹,根据需要合并汇总。

### (一) 政府资产负债表中期初资产负债存量数据登录

1.行政单位资产负债表数据登录

由于行政单位会计核算与 GFS 资产负债核算存在较大差异,因此,在利用行政单位会计核算资料的基础上编制行政单位资产负债表,主要有三个步骤:首先,根据第四章设计的 GFS 资产负债核算指标一体化表,调整行政单位的资产、负债项目;其次,将行政单位会计核算中没有包含的项目(如土地、文物古迹等)调整到资产核算范围中;最后,根据调整后资产、负债指标,将获取的相对应的数据登录资产、负债项目。

在资产、负债项目数据登录方面,非金融资产项目包括固定资产、存货和非生产资产等,这些资产项目在行政单位会计核算中主要以历史成本计价,因而需要根据提供的估价方法,以实际估价登录。金融资产和负债以行政单位财务报告或资产负债表相关项目及数据登录。

**2. 公共公司资产负债表数据登录**

编制公共公司资产负债表有直接法和间接法两种,间接法是运用公共公司的资产负债表,运用国民经济核算原理和指标,对企业会计指标调整和转换,与行政单位资产负债表的转换类似,间接法适用于公共公司期初资产负债核算。直接法是通过直接调查公共公司的资产负债数据,适用于核算公共公司期中资产负债变化。

公共公司期初资产负债的数据登录步骤可采用行政单位资产负债登录方法,通过转换指标,调整核算范围,将获得的资产、负债项目数据经过估价后登录相应的项目。

**(二) 政府资产负债表中期间资产负债变化量数据登录**

行政单位期间资产负债变化量包括资产物量其他变化和重估价,资产其他根据资产物量其他变化和重估价核算的数据登录。公共公司期间资产负债变化量包括资本形成、存货增加量、资产物量其他变化和重估价四项。资本形成核算是利用企业固定资产投资统计报表中会计指标,将在建工程、购置不需安装设备、工器具、其他资产、计算机软件和数据库、研究与开发、生物性生物资产等项目的借方发生额加总,核算出当期资本形成,将数据登录对应项目。存货核算是按照当期存货的所有会计科目借方发生额,加总登录相应项目。公共公司资产物量其他变化核算的是营业外支出中巨灾损失、政府无偿没收、固定资产清理、存货异常损失等项目贷方发生额加总登录。公共公司非金融资产以是否受价格影响分为两类:受价格影响较大的非金融资产重估价是通过估算期末、期初估价的差额获得,受价格影响较小的非金融资产重估价是以期初价格水平乘以物价水平获得,根据不同估价方法获得重估价数据,登录重估价项目。

经过资产负债期初存量数据登录和期间资产负债变化量数据登录,形成完整的政府资产负债表。财政部门负责收集、整理并汇总行政单位资产负债表,统计部门负责公共公司资产负债表的整理、汇总,最后由国家统计局统筹汇总,对外公布。

# 本 章 小 结

本章从编制政府资产负债表的三个基础性问题展开讨论:在政府资产负债表的表式和结构上,基于不同的研究目的设计政府单位资产负债表、政府资产负债集合表、不同层次政府机构范围的资产负债表以及存量和流量变化表;获取编制政府资产负债表数据方法有直接法和间接法,微观主体的业务核算数据只有通过统计报表形式才能准确获得,通过设计统计报表由微观主体自行上报;数据获取之后的整理一般采用汇总的方法,有利于全面统计政府的资产、负债总量。最终由财政部门负责行政单位资产负债表编制,统计部门负责公共公司资产负债表编制,由国家统计局统筹管理,形成政府资产负债表编制的统一组织形式。

# 第七章　主要结论与研究展望

## 一、研究的主要结论

前文通过对政府资产负债表的理论基础、核算主体范围界定、核算项目范围界定、行政单位和公共公司资产负债核算方法、政府资产负债表编制设计等方面展开研究，可以得出一些结论，有助于完善国民经济核算中资产负债核算理论，同时对我国编制政府资产负债表具有重要的启示和参考价值。

通过本书研究得到的主要结论有：

### （一）政府资产负债表理论基础方面的结论

1.将社会再生产理论、公共受托责任理论和公共经济理论综合考虑，有利于政府资产负债表的编制

宏观政府资产负债表与微观政府财务报表基本原理相同，但在核算目的、对象、内容等方面存在较大差异，因而需要对政府资产负债表的编制进行专门研究。经济学理论是编制政府资产负债表的基础，与政府资产负债表相关的理论包括社会再生产理论、公共受托责任理论和公共经济理论。社会再生产理论关注国民经济的运行规律，经过社会再生产环节，形成资本形成和资本积累。公共受托责任理论认为政

府有责任通过政府资产负债表,为公众提供其需要的信息,履行契约,从而解除受托责任。公共经济理论是研究政府行为的理论,政府的收与支的结果体现在政府资产负债表上。从政府的职能和定位看,政府不仅是重要的管理者,还是公共产品的生产者。政府执行管理职能的资金来源于财政预算,核算政府的收与支,编制这类单位资产负债表需要基于公共经济理论和受托责任理论。执行生产职能是从政府作为公共主体考虑,核算政府作为生产者在社会再生产的资本积累,编制这类单位资产负债表需要基于社会再生产理论。因此,政府资产负债表的编制需要基于政府的活动属性、职能定位,将社会再生产理论、公共受托责任理论和公共经济理论综合考虑。

2. 编制政府资产负债表需要将国民账户体系、政府财政统计核算体系和公共部门会计核算体系结合,综合考虑

与政府资产负债表理论基础相对应的核算体系包括国民账户体系、政府财政统计核算体系和公共部门会计核算体系,三种核算体系都涉及政府的资产负债核算,但侧重点不一致,SNA 侧重核算生产、收入、分配、使用等社会再生产活动,GFS 侧重核算政府的收入与支出,公共部门会计核算主要从微观角度,记录计量政府部门的财务状况,反馈政府受托责任的履行情况。从政府的活动属性看,需要通过 SNA 核算公共公司的生产活动,通过 GFS 核算政府的财政收支活动。同时,政府会计报表为编制宏观政府资产负债表提供微观数据基础。因此,编制政府资产负债表需要将国民账户体系、政府财政统计核算体系和公共部门会计核算体系结合起来综合考虑。

3. 政府资产负债表与会计学、统计学、财政学和公共管理学科关系密切

政府资产负债表的发展和完善建立在相关学科理论知识相互渗

透、相互糅合和相互借鉴的基础上,不能简单地将其归属于某一类学科。政府资产负债表处于统计学、会计学、财政学和公共管理学等诸多学科交叉、边缘地带,它具有较强的理论性和应用性特征,因此,需要从多学科领域融合的角度,运用统计学、会计学、财政学和公共管理学的理论和方法,将政府资产负债表置于具体学科环境。

### (二) 政府资产负债表中核算范围界定的相关结论

#### 1. 政府范围界定相关结论

政府资产负债表的理论基础决定资产负债核算理论,根据 GFS、SNA 和 IPSAS,能够确定政府资产负债表主体的范围,但由于三种国际核算体系的侧重点差异较大,进一步对政府的定义、划分标准和具体范围进行比较分析。从政府职能上来定义,政府是从事财政活动和准财政活动的常驻机构单位的集合。常住机构单位、非市场生产、政府政策控制是划分政府的标准,基于此,将政府划分为三个层次:狭义政府、广义政府和全口径政府。编制我国政府资产负债表,需要从我国的实际情况出发,结合我国组织机构的活动属性和功能,确定我国政府资产负债表的范围,将行政单位、具有行政职能的事业单位归入狭义政府,在狭义政府范围的基础上,将公益一类事业单位、社会团体归入广义政府,全口径政府包括广义政府和公共公司,多层次政府范围划分有利于政府资产负债表编制目的的实现。

#### 2. 政府资产范围界定相关结论

政府资产不同于企业资产,它不仅与政府的公共主体特征相关,还与政府资产负债表的编制目的相关。政府资产是政府主体控制的,通过持有或使用能够带来服务潜力或经济利益的经济资产,其实质是政府主体控制的经济资产。按照政府资产在政府主体中所起作用不同,将其划分为行政单位占有使用资产、公益性资产、政府投资资本和资源性资产。

### 3.政府负债范围界定相关结论

政府负债指政府主体承担对其他单位支付的导致服务潜能或经济利益流出政府的义务。政府债务与政府负债既有区别,又有联系。政府债务的范围比政府负债小,完整的政府负债需要通过政府资产负债表体现。政府负债中不包含或有负债,建议将其纳入备忘录或附注。GFS 和 SNA 按照金融工具分类对负债进行分类,政府负债分类参考GFS 和 SNA 的做法。

### (三) 政府资产负债核算方法相关结论

### 1.微观会计核算是编制政府资产负债表的数据来源渠道

通过对政府会计和 GFS 比较,发现政府会计资产负债核算与 GFS资产负债核算在核算项目指标、核算范围和估价方法上存在较大差异,政府资产负债表的编制不能通过政府财务报表简单汇总而得。但由于我国目前缺乏编表的微观数据基础,因而政府会计核算是行政单位GFS 资产负债核算的数据来源,公共公司企业会计核算是编制宏观资产负债表的微观基础,将政府会计核算数据进行调整和转换是目前值得探讨的方法。

### 2.利用微观会计并加以调整和转换能够编制期初政府资产负债存量表

虽然政府会计核算和宏观资产负债表编制存在较大差异,但通过对二者在项目指标、核算范围和估价原则、方法的比较分析,构建指标转换过渡框架,调整核算范围,按照市场价一般估价原则,在保证宏、微观资产负债核算顺利衔接的基础上,编制期初政府资产负债存量表是切实可行的。同样,公共公司期初资产负债存量表编制也是采用调整与转换的方法。

3.财务支出法是公共公司积累账户核算的重要途径

企业业务核算资料是核算公共公司资产负债变化量的数据来源,但目前我国对企业业务核算资料的统计(如非金融资产投资统计、固定资产存量统计等)较为落后,缺乏积累账户核算的微观核算条件。因此,完善现有政府相关统计报表制度,将积累账户核算与企业报表制度结合,通过调查统计获取的业务核算财务指标,运用财务支出法,能够实现公共公司积累账户的核算。

4.政府资产、负债估算应尽可能采用市场价值法

政府会计核算资料、企业会计核算资料以及企业业务核算资料大部分是以历史成本记录,部分会计资料是以公允价值记录,计价方法的不足影响政府资产负债表的有效性、相关性。不同的资产、负债项目,根据其特点选择不同的估价方法。

5.直接法与间接法相结合是政府资产负债核算行之有效的方法

政府资产负债表编制方法包括直接法和间接法。直接法是政府每年都通过现有核算资料和专项调查的数据编制政府资产负债表,具有全面性、有效性的优点,但需要耗费大量的人力物力财力。间接法是在期初存量核算的基础上,通过核算当期资产负债变化量,获得期末的资产负债,具有简便易行的特点,且有利于连续编制。因此,通过使用直接法核算期初政府资产负债存量,运用间接法核算政府资产负债变化量,通过存量和流量核算结合,形成政府资产负债核算的闭合系统。

### （四）政府资产负债表编制设计相关结论

#### 1.政府资产负债表表式设计以应用为依据

政府资产负债表表式设计需根据不同目的、需求进行设计,最终是为应用分析服务。多层次政府资产负债表能够实现多重政府资产负债表编制目的。政府资产负债存量表和政府资产负债变化表结合能够评估政府的行为和效率。

#### 2.统计资料数据的获得需要完善现有统计报表制度

会计核算资料是编制政府资产负债表重要数据来源渠道之一,通过政府会计报表、企业资产负债表以及其他财务资料可获得。编制政府资产负债表还需要统计资料数据,目前很难直接获得,需要完善现有统计报表制度,通过设计获取相关政府资产负债核算资料的报表,如固定资产详细资料表、非金融资产投资统计表等,为政府资产负债表编制提供数据来源。

#### 3.汇总方法能够全面反映政府资产、负债情况

政府资产负债表数据整理方法包括合并、汇总和取净。一般地,能够明确判断机构部门之间属于内部间关系,采用合并的方法,其余的都将采用汇总的方法,因为资产、负债项目在采用汇总时,不会对冲抵销,进而全面反映政府资产、负债情况。

## 二、研究不足之处与展望

### （一）不足之处

1.数据问题。一方面,由于我国没有扎实的政府微观数据基础,且政府相关数据具有保密性,很难获得编制政府资产负债表的数据;另一方面,编制政府资产负债表是一项任务重大而繁杂的工作,需要众多政府部门通力合作才能完成编制,依靠个体很难完成。因此,本书通过研

究政府资产负债表的编制理论和方法框架,为相关部门(国家统计局和财政部等)提供参考和建议。

2.自然资源资产、负债核算问题。本书并未将自然资源的核算纳入政府资产负债表。自然资源的所有权归属国家,政府作为国家的代理机构,由国家授权其管理自然资源,政府对自然资源具有经济所有权,理应在政府资产负债核算中详细讨论,但目前国内关于自然资源资产负债表编制问题研究较多,官方部门也在积极展开试点,本书将待自然资源资产负债表编制工作成熟后,直接将其纳入政府资产负债表。

### (二) 未来研究展望

可以说政府资产负债表的编制理论和方法得到基本解决,当务之急是解决编表的微观数据问题。只有在此基础上,才能将政府资产负债表的统计数据用于实际分析应用。

1.微观会计数据的计算机实现

本书提供了政府会计资产负债核算与 GFS 资产负债核算转换框架,并对会计指标和科目进行详细比较分析,为计算机应用提供了基础。未来将根据转换框架和过渡表,通过计算机编程实现基础数据报送,建立政府会计数据的基础数据库。

2.完善政府资产、负债估价核算研究

本书针对政府资产、负债估价核算提供了一般参考方法,由于数据的缺乏,且不同资产、负债的估价实际难度不同,因而并未具体估算政府资产、负债,是本研究的缺憾,也是未来的研究方向。

3.对政府资产负债表的应用

本书致力于研究政府资产负债表的编制理论和方法,未涉及应用研究,也是未来研究的方向之一。

# 参 考 文 献

[1] Timothy C. Irwin, "Dispelling fiscal illusions: how much progress have governments made in getting assets and liabilities on balance sheet?" *Public Money & Management*, 2016, 363.

[2] Ken Warren, "Developing a government's balance sheet—does it improve performance?" *Public Money & Management*, 2012, 321.

[3] Timothy C. Irwin, "Defining the Government's Debt and Deficit", *Journal of Economic Surveys*, 2015, 294.

[4] Shen P, Fan H, "Liquidity Assets Balance Sheet Based Government Debt Risk Research in China", *Economic Research Journal*, 2012.

[5] Bogaert H, "Improving the Stability and Growth Pact by integrating a proper accounting of public investments: a new attempt", *Working Papers*, 2016.

[6] Xu J, Zhang X, "China's sovereign debt: A balance-sheet perspective", *China Economic Review*, 2014, 31: 55-73.

[7] Au-Yeung W, Mcdonald J, Sayegh A, "Australian Government Balance Sheet Management", *Social Science Electronic Publishing*, 2007 (12302): 31-40.

[8] Xu J, Zhang X, "China's Sovereign Debt: A Balance-Sheet Perspective", *Social Science Electronic Publishing*, 2014, 31: 55-73.

[9] Chiran A, Bizu C L, Gindu E, "Diagnostic Analysis of the Financial Stability at S.C. Euronutrition S.A. Botoani, Botoani County", *Bulletin of the University of Agricultural Sciences & Veterinary*, 2010(2): 41-50.

[10] Seiferling M, Tareq S, "Fiscal Transparency and the Performance of Government Financial Assets", *Social Science Electronic Publishing*, 2015, 15(9): 1173-1186.

[11] Shepard N T, Solomon D, "Functional Operation of the Balance System in Daily Activities", *Otolaryngologic Clinics of North America*, 2000, 33(3): 455-469.

[12] Alejandro Esteller-Moré, José Polo Otero, "Fiscal Transparency", *Public Management Review*, 2012, 14(8): 1153-1173.

[13] Haslem J A, Scheraga C A, Bedingfield J P, "A comparison of the balance sheet strategies of foreign-owned and domestic-owned U.S. banks", *International Review of Economics & Finance*, 1993, 2(3): 293-316.

[14] Klee E, Carpenter S B, Ihrig J E, et al., "The Federal Reserve's Balance Sheet and Earnings: A Primer and Projections", *SSRN Electronic Journal*, 2013, 11(2): 59-72.

[15] D J, R W, "The Net Benefit to Government of Higher Education: a 'Balance Sheet' Approach", *Economic Papers A Journal of Applied Economics & Policy*, 2002, 22(2): 1-20.

[16] D Burdon, Boyes S J, Elliott M, et al., "Integrating natural and social sciences to manage sustainably vectors of change in the marine envi-

ronment:Dogger Bank transnational case study", *Estuarine Coastal & Shelf Science*,2015:889-98.

[17]Holder, A., & Treasury, H., "Developing the public sector balance sheet", *Economic Trends*,1998,540:31-40.

[18]Irwin,T.C., "Dispelling fiscal illusions:how much progress have governments made in getting assets and liabilities on balance sheet?", *Public Money & Management*,2016,36(3):219-226.

[19]Mellor,T., "Why governments should produce balance sheets", *Australian Journal of Public Administration*,1996,55(1):78-81.

[20]Staub R B,Souza G,Tabak B M, "Evolution of bank efficiency in Brazil:A DEA approach", *European Journal of Operational Research*,2010, 202(1):204-213.

[21]Setser B,N Roubini,Keller C,et al., "A Balance Sheet Approach to Financial Crisis", *IMF Working Papers*,2002,02(210):1.

[22]Micronesia(Federated States), "Office of Planning and Statistics.Division of Statistics.National detailed tables", *Sba Controle & Automao Sociedade Brasilra De Automatica*,2012,23(4):415-429.

[23]Culver K, "The Mark of Innovation in Aquaculture:The Role of Intangible Assets", *Springer Netherlands*,2008.

[24]刘曼:《政府与非盈利组织会计的中美比较——资产负债表要素比较》,《事业财会》2004 年第 2 期。

[25]罗福凯、孙菁:《我国政府资本存量的性质、特征与核算——改进政府资产负债表编制的思考》,《开放导报》2015 年第 6 期。

[26]耿建新、王晓琪:《自然资源资产负债表下土地账户编制探索——基于领导干部离任审计的角度》,《审计研究》2014 年第 5 期。

[27]石绍宾、安颖:《地方政府资产负债表编制的难点及建议》,《经济研究参考》2016年第32期。

[28]孙鹏云:《地方政府资产负债表重构思考》,《财会通讯》2016年第16期。

[29]王伟斌、王毅:《基于国民账户核算体系的澳大利亚政府资产负债表编制研究》,《金融理论与实践》2016年第6期。

[30]王彦:《建立权责发生制政府综合财务报告制度——一项环环相扣的系统工程》,《中国财政》2015年第3期。

[31]黄溶冰、赵谦:《自然资源核算——从账户到资产负债表:演进与启示》,《财经理论与实践》2015年第36期。

[32]杨志宏:《政府资产负债表与国家治理能力现代化研究》,《地方财政研究》2015年第9期。

[33]张国生:《改进我国政府资产负债表的思考》,《财经论丛(浙江财经学院学报)》2006年第3期。

[34]张宏婧、周璇:《我国地方政府资产负债表的构建问题研究》,《会计之友》2014年第31期。

[35]张子荣:《我国地方政府债务风险研究——从资产负债表角度》,《财经理论与实践》2015年第36期。

[36]赵西卜、王建英、王彦等:《政府会计信息有用性及需求情况调查报告》,《会计研究》2010年第9期。

[37]钱水祥、金利江:《基于绍兴实践的全部政府性资产审计研究》,《审计研究》2010年第2期。

[38]向竞杰:《地方政府财务报表边界及编制问题探讨》,《财会通讯》2015年第10期。

[39]"政府资产负债测度核算的理论方法与政策研究"课题组:

《中国政府资产负债表：2010—2014》，《中国金融》2016 年第 3 期。

[40] 本刊特约评论员：《重构中国政府资产负债表》，《金融与经济》2013 年第 9 期。

[41] 曹洪彬：《试论我国地方政府债务及其风险控制》，《经济经纬》2005 年第 3 期。

[42] 胡文龙、史丹：《中国自然资源资产负债表框架体系研究——以 SEEA2012、SNA2008 和国家资产负债表为基础的一种思路》，《中国人口·资源与环境》2015 年第 25 期。

[43] 常丽：《美、日政府资产负债信息披露全景图比较研究》，《财政研究》2010 年第 8 期。

[44] 陈穗红、石英华、韩晓明：《权责发生制政府综合财务报告信息应用初探——政府资产负债表信息与地方政府偿债能力评价》，《地方财政研究》2015 年第 9 期。

[45] 封志明、杨艳昭、陈玥：《国家资产负债表研究进展及其对自然资源资产负债表编制的启示》，《资源科学》2015 年第 37 期。

[46] 中国社会科学院财经战略研究院课题组、高培勇、杨志勇、汤林闽：《中国政府资产负债表：构建及估算》，《经济研究参考》2014 年第 22 期。

[47] 吉富星：《关于政府资产负债管理框架的研究》，《财务与会计》2015 年第 1 期。

[48] 李金华：《中国国家资产负债表谱系及编制的方法论》，《管理世界》2015 年第 9 期。

[49] 李扬、张晓晶、常欣等：《中国主权资产负债表及其风险评估（上）》，《经济研究》2012 年第 47 期。

[50] 李扬、张晓晶、常欣等：《中国主权资产负债表及其风险评估

（下）》,《经济研究》2012 年第 47 期。

[51]林忠华:《国家和政府资产负债表编制难点及建议》,《地方财政研究》2014 年第 1 期。

[52]林忠华:《国家和政府资产负债表初探》,《上海对外经贸大学学报》2014 年第 21 期。

[53]刘尚希:《编制政府资产负债表的基础性问题——读〈政府资产负债表:基本原理及中国应用〉》,《中国金融》2015 年第 21 期。

[54]马骏:《地方政府资产负债表的编制和使用》,《中国金融》2014 年第 14 期。

[55]马骏、张晓蓉、李冶国:《中国国家资产负债表研究》,社会科学文献出版社 2012 年版。

[56]潘琰、蔡高锐:《完善与发展我国政府财务报告体系的思考——基于政府财务报告与 GFS、SNA 比较的新视角》,《财政研究》2016 年第 6 期。

[57]饶云清:《关于我国地方政府债务偿还机制的研究》,《武汉金融》2014 年第 1 期。

[58]沈沛龙、樊欢:《基于可流动性资产负债表的我国政府债务风险研究》,《经济研究》2012 年第 47 期。

[59]孙晓羽、支大林:《地方政府债务风险防范与监控》,《宏观经济管理》2014 年第 7 期。

[60]汤林闽:《我国地方政府资产负债表:框架构建及规模估算》,《财政研究》2014 年第 7 期。

[61]汤林闽:《政府综合财务报告制度建设重点:政府会计准则和政府资产负债表》,《地方财政研究》2015 年第 9 期。

[62]汤林闽:《中国政府资产负债表:理论框架与现实选择》,《金

融评论》2014 年第 6 期。

[63]王丽英、俞伯阳:《我国地方政府资产负债表编制的困境与对策》,《财经问题研究》2015 年第 11 期。

[64]王莉莉、朱辉:《基于编制政府资产负债表的会计理论探析》,《会计之友》2015 年第 2 期。

[65]王彦、王建英、赵西卜:《政府会计中构建二元结构会计要素的研究》,《会计研究》2009 年第 4 期。

[66]王义中、何帆:《金融危机传导的资产负债表渠道》,《世界经济》2011 年第 34 期。

[67]王蕴波、景宏军:《地方债管理模式与构建地方政府资产负债管理能力的探析》,《经济与管理研究》2012 年第 6 期。

[68]熊伟:《地方债与国家治理:基于法治财政的分析径路》,《法学评论》2014 年第 32 期。

[69]徐建国、张勋:《中国政府债务的状况、投向和风险分析》,《南方经济》2013 年第 1 期。

[70]封志明、杨艳昭、李鹏:《从自然资源核算到自然资源资产负债表编制》,《中国科学院院刊》2014 年第 29 期。

[71]许宪春:《一部重要的开创之作——读〈政府资产负债表:基本原理及中国应用〉》,《中国金融》2015 年第 21 期。

[72]杨志宏:《政府资产负债表的治理功能及其作用机理》,《经济研究参考》2015 年第 60 期。

[73]杨志宏、郑岩:《政府资产负债表研究综述与展望》,《当代经济研究》2014 年第 8 期。

[74]赵建勇:《中美政府资产负债表比较研究》,《经济科学》1999 年第 1 期。

［75］向书坚、郑瑞坤:《自然资源资产负债表中的资产范畴问题研究》,《统计研究》2015 年第 32 期。

［76］向书坚、郑瑞坤:《自然资源资产负债表中的负债问题研究》,《统计研究》2016 年第 33 期。

［77］杜爱文:《构建政府资产负债表审计目标体系研究》,《商业会计》2014 年第 8 期。

［78］耿建新、胡天雨、刘祝君:《我国国家资产负债表与自然资源资产负债表的编制与运用初探——以 SNA2008 和 SEEA2012 为线索的分析》,《会计研究》2015 年第 1 期。

［79］林忠华:《编制全国和地方资产负债表的若干建议》,《开放导报》2014 年第 1 期。

责任编辑：赵圣涛

封面设计：胡欣欣

**图书在版编目（CIP）数据**

政府资产负债表编制理论和方法研究/罗胜 著. —北京：人民出版社，2022.11

ISBN 978－7－01－025365－7

Ⅰ.①政… Ⅱ.①罗… Ⅲ.①国家行政机关-资金平衡表-编制-研究-中国

Ⅳ.①F231.1

中国版本图书馆 CIP 数据核字（2022）第 257381 号

**政府资产负债表编制理论和方法研究**

ZHENGFU ZICHAN FUZHAI BIAO BIANZHI LILUN HE FANGFA YANJIU

罗 胜 著

人民出版社 出版发行

（100706 北京市东城区隆福寺街 99 号）

中煤（北京）印务有限公司印刷 新华书店经销

2022 年 11 月第 1 版 2022 年 11 月北京第 1 次印刷

开本：710 毫米×1000 毫米 1/16 印张：13

字数：240 千字

ISBN 978－7－01－025365－7 定价：69.00 元

邮购地址 100706 北京市东城区隆福寺街 99 号

人民东方图书销售中心 电话 （010）65250042 65289539

版权所有·侵权必究

凡购买本社图书，如有印制质量问题，我社负责调换。

服务电话：（010）65250042